60分で決着をつけるFX最強のシナリオ設計図

稼ぎ続ける人が「トレードの前」に決めていること

TAKA

TAKA's Original FX Secrets

はじめに

この本を手に取っていただき、ありがとうございます。

この本に興味があるということは、FXに興味がある、すでにFXを実践している、もしくは始めようとしている方でしょう。FXはやってみたけれどうまく稼げないとか、大損してやめるという人が多く、始めてから1~2年以内に約9割が市場から退場するとも言われています。

私は専業トレーダーになってから、2024年で19年目、もうすぐ20年になります。今は2024年4月に一時的に1ドル160円をつけたので、超円安ですが、2011年は1ドル75円程という超円高の時代でした。円高のときと円安のときでは、相場環境は大きく変わるはずです。でも私が時代ごとにトレードのスタイルを大きく変えているかというと、そんなことはありません。細かい変化はあるかもしれませんが、根幹の部分は変わりません。どの時代でも共通して大切にして徹底していることがあるだけです。

それが「相場環境の把握」であり、「リスク管理」であり、「損小利大」つまり損を極力小さくして利益を大きくすることなどです。利益を大きくするのは運というか、トレーダーの意思でコントロールするのは難しいのですが、損を小さくするのはリスク管理でコントロールできます。コントロールできるものをしっかりコントロールすることが、FXトレードでは重要です。

そして私がリスクを減らし、利益を拡大するためにトレードで用いているのが、60分で決着をつける「シナリオ」です。

私は相場が大きく動きそうだと感じたときに、その先の展開を予測した「シナリオ」を描いてからトレードに入ります。本書では、どのようなときに予兆を感じるのか、「シナリオ」をどう作るのか、なぜシナリオを60分に限定しているのか、そして60分に限定するとなぜリスクが激減し利益率が上がるのか…。そういったトレードの秘訣になる考え方を、丁寧に解説しています。

本書では、ＦＸトレードに関する「時間」の考え方について様々な角度から解説しています。勉強会などで、「ＦＸでどうしても利益が伸びない」「損が膨らむ」という相談を受けますが、多くの方に共通しているのが、相場環境の認識が甘いというか、足りていないことです。チャートは価格の変動と時間経過で作られますが、初心者の内は目先の価格を追うのに気を取られて、時間に注目することがおろそかになりがちだと感じています。「時間」についてしっかりと意識することが、相場環境を把握するためにも、リスクを管理するためにも、効率よく利益を上げるためにも、とても大切なのです。

ぜひ繰り返し読んで、ご自分のトレードに生かしてください。

60分で決着をつけるFX最強のシナリオ

稼ぎ続ける人が「トレードの前」に決めていること

TAKA's Original FX Secrets

目次

第2章 FXで稼ぐために必ず覚えておくこと

第4章

FXで稼ぐ「シナリオ」の作り方

第5章
視点を変えると稼ぎが増える

カバー・本文デザイン・DTP
鳥越浩太郎

カバー・本文イラスト
mikamikami

編集協力
大正谷成晴

校正
鷗来堂

※本書の為替チャートは、すべてTrading Viewの提供によるものです。
※本書は情報の提供を目的としており、金融商品の購入を勧誘したり、特定の銘柄を推奨したりするものではありません。また、投資の利益を保証するものでもありません。投資や金融商品の購入は必ず自己判断、自己責任で行ってください。

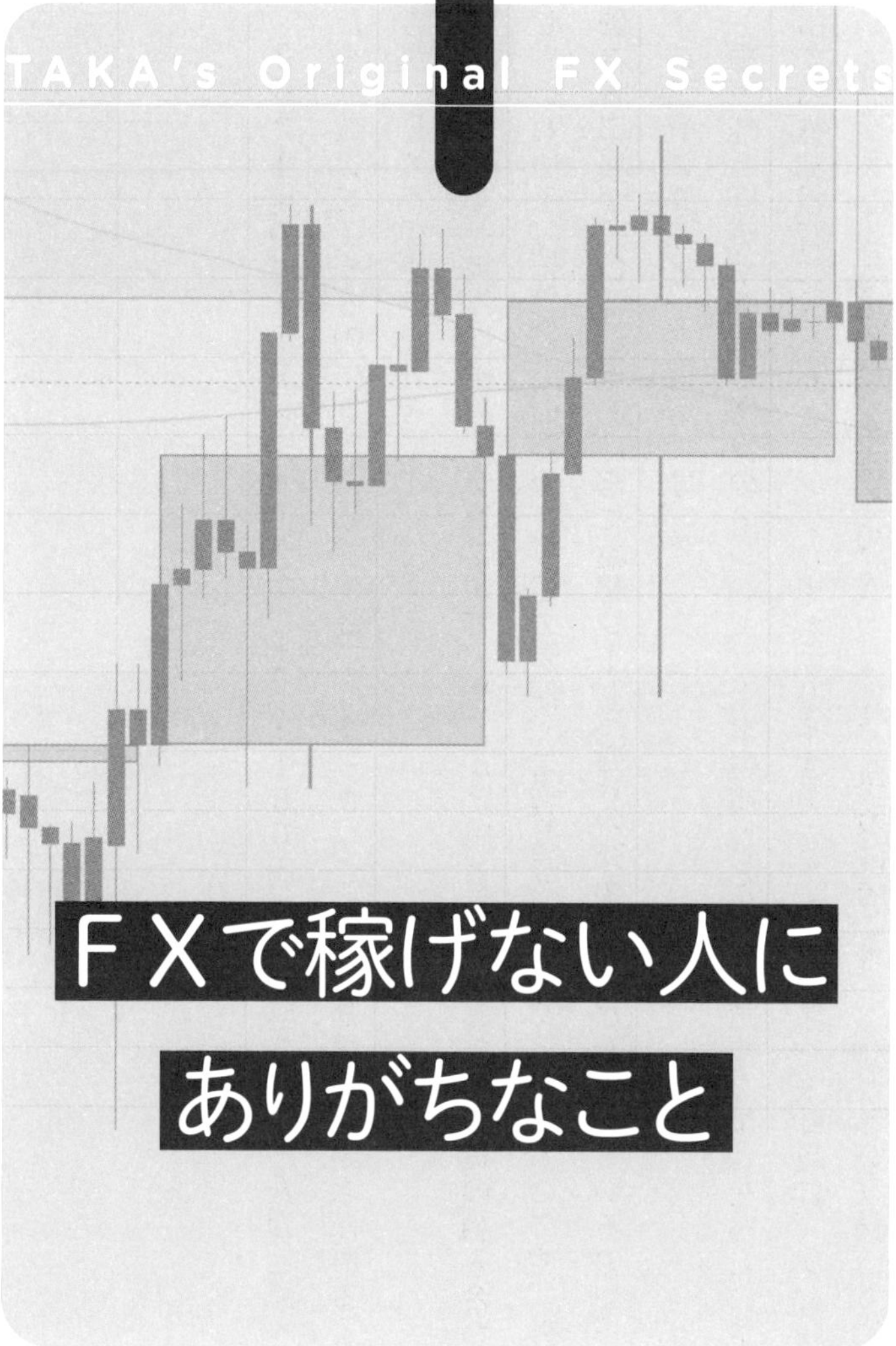

1

TAKA's Original FX Secrets

ＦＸで稼げない人にありがちなこと

稼げるトレーダーが徹底していること

2024年のゴールデンウィーク中、1ドル160円の「超円安」になったかと思ったら、数日で155円になったり、乱高下しました。こうした為替の値動きがあるときが、FXで稼ぐチャンスです。

FXで稼ぐ仕組みは極めてシンプルで、米ドルと円といった異なる通貨の組み合わせ、いわゆる「通貨ペア」の買値と売値の差額、「為替差益」で稼ぐというものです。外国為替市場が開いている間は常に為替レート（通貨の交換比率）が変動しているので、その流れに乗るというわけです。

国内外の経済や景気、業界のトレンド、企業業績など複雑で難解な情報をもとに取引する株式投資に比べるとシンプルでわかりやすく、インターネットや雑誌、本には「この手法だけで稼げる！」「勝率90％！　これを読めば勝てる！」などという謳い文句があふれています。

ところが、現実はそうではありません。ＳＮＳなどを見ると「〇万円儲けた！」と自慢するトレーダーがいるかと思えば、「〇万円負けた」、さらに酷くなると「資金が底をついた、退場します…」など、その内容は悲喜こもごもの様相を呈しています。みなさん同じ為替相場でトレードをしているのに、なぜ稼げるトレーダーとそうでないトレーダーにわかれるのでしょうか。

誰でもいつでも勝てる「必勝法」は存在しない

私は両者の最も大きな違いは、「リスク管理」を徹底しているかどうかだと考えています。もちろん、ＦＸを始めるのに一定の知識は必要で、多くの人はインターネットや書籍などで学んでから取引に臨んでいるはずです。その際に間違った内容だと話になりませんが、たとえばチャートのローソク足や移動平均線の見方にはルールやセオリーがあり、多くの人が学ぶ内容に大きな違いはありません。こうしたルールやセオリーを学ぶとき、間違って覚えさえしなければ、同じ内容を覚えるはずです。ところがいざトレードを始めてみると、同じことを学んだはずなのにもかかわらず、稼げる・稼げない、うまい・下手の差が出てきます。

私は専業トレーダーになってから現在までコンスタントに利益を得ていますが、以前はそうでありませんでした。勝てないときに思っていたのは、勝てる人は私が知らない特別なやり方をマスターしていて、相場を正確に読み解く「武器」を持っているのではないかということでした。私は丸腰だから勝てない、だから強力な武器を見つけ出さなければならないと思い込んでいたのですね。ところがそれは大きな間違いでした。トレードを経験すればするほど、いかにリスクを管理できているかが成否のカギを握っているということに気づきました。私のトレードの根幹にあるのは、ともかく損を小さくして利を大きくする「損小利大」です。

FXの経験則が大きな差になることは否定しませんし、経験則を下支えするのは知識です。それならば、数をこなして経験を積めば誰でもトレードがうまくなるかというとそうではないし、たくさんの本を読んだり、うまい人のトレード解説動画を観たりして知識を身に付ければ、いきなり稼げるようになるかというと、必ずしもそうでもありません。

リスクを適切に管理し、**稼げるようになるポイントはトレードをするうえで「時間」を意識すること**です。

相場は時間経過で世界を変える

私がトレードで大切にしているのが相場環境認識なのですが、環境認識には「時間」を意識することがとても重要です。ＦＸではいろいろな意味の「時間」があります。よく言われるのは東京市場やロンドン市場などの時間で、それも大切ですが、この本で私が特に言いたいのはチャートの横軸の時間です。ＦＸトレードではどうしても「価格」が重視されて、「時間」はあまり重視されていないと感じています。実際、勉強会などで「うまく稼げない」と相談をしてくる方の多くは、この時間をおろそかにして注意していないように感じます。

相場は為替チャートを見るとわかるように、上げ下げを繰り返して「波」を作っています。波の動きが単純なら、難しくありません。たとえば上昇トレンドで一定のリズムで「上げて、下げて、上げて」を繰り返していれば、下がったときに買って、上がったタイミングで売ればいいわけです。難しいのはそのリズムが崩れたときで、そのときに値が大きく動きます。これが「時間を意識する」ということです。上げて、下げての価格に注目するのではなく、時間に注意していれば、上げ下げのリズムが崩れたことにも気づき、価格が大きく動くタイミングを察知できるということです。

リアルタイムでチャートを見ていると気づきにくいのですが、1時間前と現在と1時間後では、チャートの様子は大きく変わっていることは珍しくありません。目先の値動きを追ってしまうと、値動きのリズム、波がどう変わったのか見失いやすいんですね。その結果、チャンスを逃したり、ロスカットのタイミングを逸してしまうことになりかねません。だから時間を意識することは、利益を拡大するという意味でも、リスクをできる限り小さくするという意味でも、とても大切なのです。

1時間でトレードに決着をつけるシナリオ作り

そして時間を意識しながら、リスクを適切に管理し、**稼げるようになるポイントは「シナリオ」**です。FXトレーダーの多くは取引に入る前に為替チャートを見ながら、「サポートされたから反転上昇するだろう」「移動平均線が上向いているので、いずれ押し目買いが入るだろう」など、学んだ知識をもとに「この先、相場がどう動くか」というシナリオを考えるはずです。ここで言うシナリオは「予想」「見立て」という言葉に置き換えてもよいでしょう。

シナリオ作りでも時間を意識してほしいのですが、**私は60分を一区切りとしてト**

レードで結論を出すようにしています。値が大きく動く予兆を見つけたら、上に動くか下に動くかを予測し、ロング(買い注文)で入るかショート(売り注文)で入るかを検討して、その後60分の値動きでトレードにひとまず決着させるシナリオを作ります。「60分以内に値が大きく動く」と予測できた時点で、いつエントリーするか具体的に検討するとも言えます。大きく値が動くタイミングが予測できれば、効率よく利益を伸ばすことができます。

なぜ60分のタイムリミットを設けるのがいいかというと、トレードに入ってからの対応のためです。儲かるシナリオ通りに値動きが展開した場合は、すぐさま利食い(利益確定)するか、より大きなリターンを求めて引っ張るかという違いはあっても(含み益が出ていれば利食いのタイミングは60分を超えてもかまいません)、利益を獲得できます。

問題なのは、描いたシナリオ通りにことが進まなかった場合です。このときの対処方法が、うまい人とそうでない人の最も大きな違いとなります。損切りができない、冷静な判断力に欠けるといった理由が考えられますが、結局は想定外のことが起きた際に、どのような行動を取るのかが明暗を分けているのです。

普段、「１０００円損するのと、１万円損するのはどっちがいい？」と聞かれたら、迷わず「１０００円」と答えると思いますが、なぜトレードになると、投じた資金をリスクに晒しているのに適切に損切りできないのでしょうか。

それは「損を自分で確定させる」のは、心理的ハードルが高いからです。「このままだと〇万円の損だけど、ここから反転すれば…」「せめて10分前の水準まで値を戻せば…」などと考えて、ズルズル損切りのタイミングが遅れてしまうのはよくあります。本当に反転して大勝ちすることだってありますが、それはたまたまうまくいっただけであって、再現性のないギャンブルトレードです。

しかしトレードの時間を60分とタイムリミットを設けてエントリーすることで、もし予想したシナリオ通りに動かなくても、早めのロスカットを徹底できるので、長くポジションを持ち続けるというリスクを抑えることができます。「なかなか動かないな」とダラダラとポジションを持ち続け、少し目を離した間に値が大きく動いて、損切りや利確のタイミングを逃して大損するのはよく聞きます。トレードにタイムリミットを設定することは、「損小利大」のためにとても大切です。

勝率と利益率は連動しない

相場は上がるか下がるかでいうなら確率は2分の1でしかなく、ロスカットした後もそれは同じです。ロスカットをした直後に価格が戻ると当然ながらイライラしますが、極論を言えば2分の1の確率で価格は戻るのです。

値が戻ったことにイライラしたり後悔したり、戻った理由をクヨクヨ考えたりするのは建設的な考えではありません。

なぜロスカットをするかというと、資金を大幅に減らしてしまうと、投資自体ができなくなるからです。**資金を失わない、次のトレードのための資金を確保しておくために、ロスカットは必要なアクション**なのです。「反転するかも」といった2分の1の確率に賭けていたら、いつまでたっても「稼げるトレーダー」にはなれません。株式や不動産のような「投資」と異なり、FXのような値動きを追う「投機」の世界では、リスク管理がより大切になります。

リスク管理のためには自分のミスやシナリオ不足、アイデア不足を受け入れることが大事なポイントであり、受け入れることでロスカットも適切に実行することができます。

私もFXを始めたばかりの頃は「勝つシナリオ」を厳選して勝率を上げることを最重

要課題にし、勝率が高いトレーダーが優れていると思っていました。

もちろん精度の高いシナリオを作ることも大切ですが、いくら精度を高めようとしても100％にはなりませんし、50％も当たれば相当な高確率ではないでしょうか。私はトレードの経験を重ねる中で、シナリオが外れたときに自分のミスを素直に受け入れ、事前に対処法までイメージし実行することが極めて重要だと考えるようになりました。その結果、損失を抑えられるようになり、逆に利益が安定的に出せるようになりました。つまり、勝率が下がったのに、利益率は上がったのです。

私が言いたいのは、**うまくいくとき**（**稼げる値動き**）**とそうでないとき**（**損する値動き**）**、両方のシナリオを用意してからトレードに挑みましょう、**ということです。そしてシナリオは60分間で結論が出るようにし、その間はシナリオの追加はしないことが大切です。

高値と安値をつねに意識する

では、そのシナリオはどこまで深掘りしておくかですが、私は次のようなことを心掛けています。

考え方の土台としているのは、米ジャーナリスト・証券アナリストのチャールズ・ヘンリー・ダウ氏が考案した相場の分析理論「ダウ理論」です。ダウ氏はテクニカル分析の第一人者であり、米国株式市場の動向を示す指標としてお馴染みの「ダウ平均株価」の発案者としても知られています。

ダウ理論の詳細は後述しますが、ここでもっとも重視されているのは「高値」と「安値」です。相場の高値は、これを抜けるか抜けないかで次の流れが大きく変わるので、エントリーをする際はどうしても意識せざるを得ません。たとえば、価格の上昇をイメージしてロング（買い取引）でエントリーする際、それまでの高値は邪魔な存在です。というのも、多くの投資家がそこを意識するので、直近高値付近に価格が到達すると多くの投資家が「前はここで下落したから」と判断し売り注文が大量に入り、相場が反落することがあるからです。

反対に高値を抜けると「さらなる上昇が見込める」と買い注文が入り相場を押し上げる動きが起きがちです。

つまり、高値は投資家の思惑が入り乱れるので、抜けるか反落するかわかりづらく、明快な答えはありません。だから私の場合は、**上値の重さを示す高値の手前をひとつの利食い（利益確定）ポイントにします。**これが勝ちパターンのシナリオです。

同時に、うまくいかないシナリオもダウ理論をもとに考えます。意識するのはどこで撤退するかのポイントですが、高値と同じく安値も反転やさらなる価格の下落のきっかけになりやすいので、私の場合は安値を抜けたあたりでポジションを手放すと決めておきます。仮に安値を抜けた後も反発するかもしれませんが、１００％そうなるとは限りません。

そうなったとしても、もともと考えていたシナリオとは別の展開ですから、まずは

図1-1　高値の少し手前で利益確定する

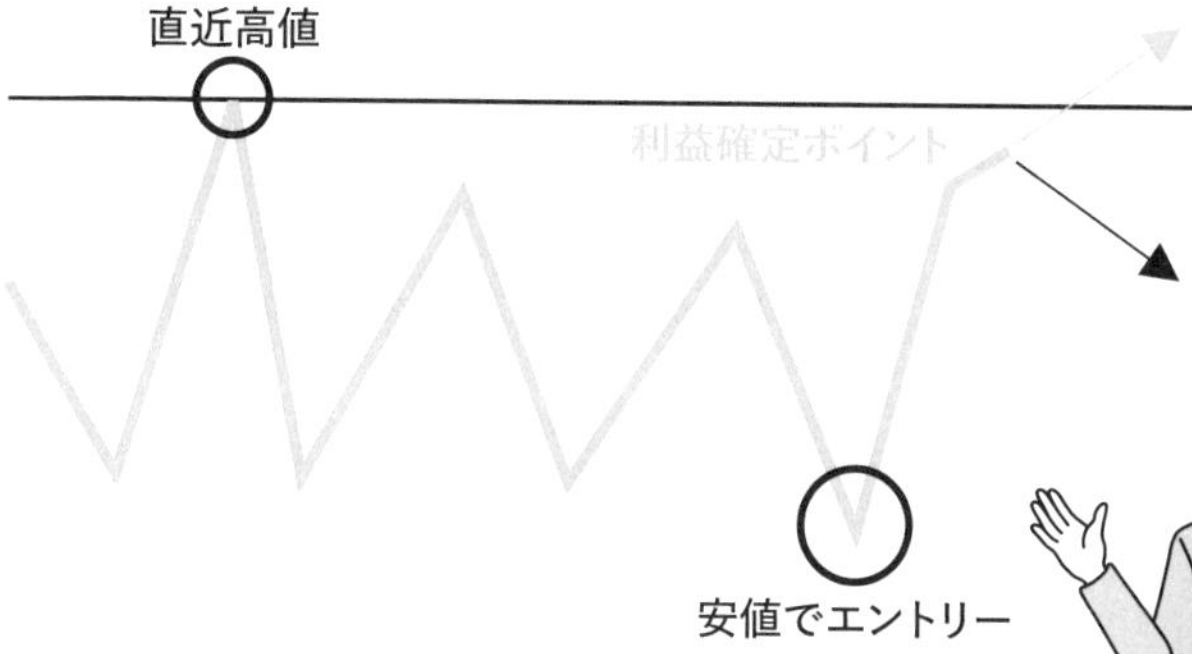

図1-2　安値を割ったらロスカットする

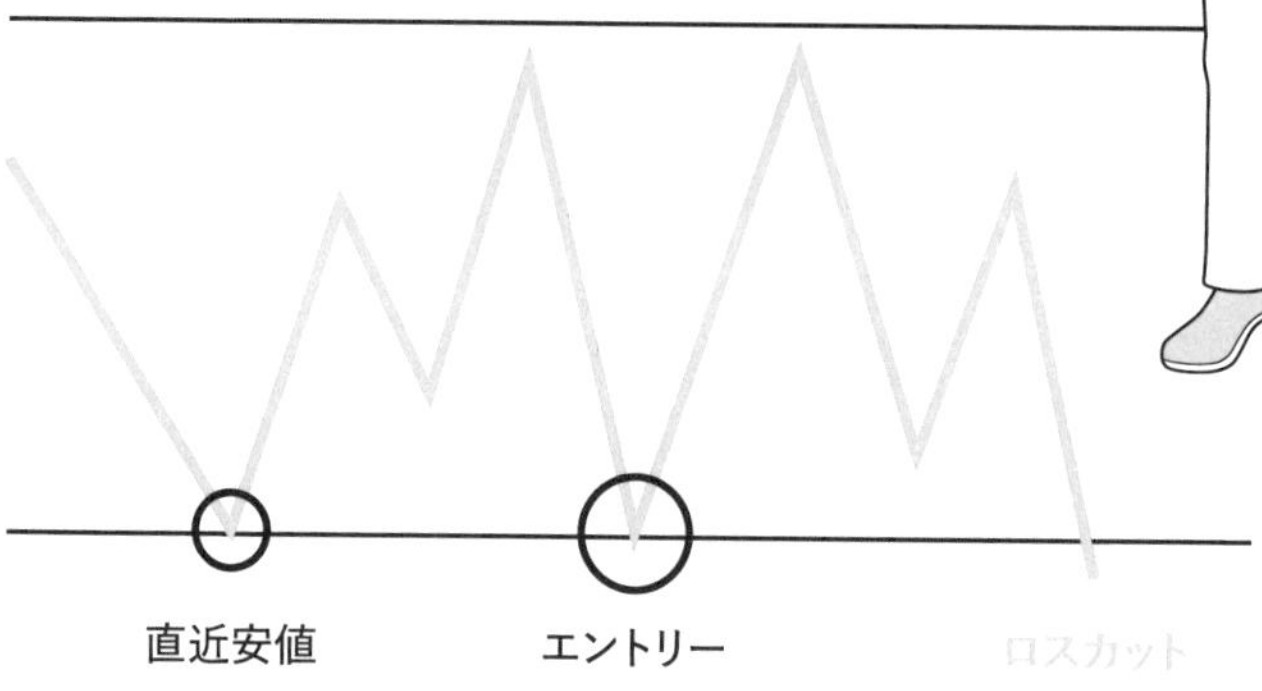

描いていたパターンと異なる動きになり、撤退ラインに達したら一旦は逃げています。

負けを受け入れると利益率が上がる

うまいか下手なのかはさておき、トレーダーはエントリーする前にはシナリオを考えているはずです。「上がる（下がる）と思う」という根拠がないとトレードに入れませんから。私は専業トレーダーとして長年、膨大な数のトレードを行ってきて、経験を積むことでシナリオの精度が研ぎ澄まされていく実感もあります。それでも１００％的中することはなく、70～90％の高確率ということもありません。むしろイメージと異なる動きをすることのほうが圧倒的に多く、私が他よりも際立ってシナリオ作りがうまいとは言いがたいでしょう。

皆さんと私で微々たる差があるとすれば、それは経験によるものです。たくさんの失敗と、たくさんの成功を積み重ねた、いわば経験値ですが、経験を重ねるには時間がかかります。

ではうまく稼げない人は、上達するには時間をかけて研鑽を積むしかないのかというと、決してそうではありません。そのために、うまい人の知恵や知識、考え方ややり方を学んで、それをヒントに、できる範囲で技術を高めていけばよいのです。それが結局のところ、想定内と想定外の両方のシナリオを作る能力につながります。

私が稼げるようになった理由もそこにあり、都合の良いことばかり考えていたときは、勝つこともあれば負けることも多く、手元資金はなかなか思うように増えませんでしたが、負けパターンも想定して損切りをきっちり実行することで、利益が積み上がるようになりました。

シナリオ不足は経験不足

また、私がシナリオ作りで基準にしているのは、ローソク足チャートの右端のスペースです。本来なら、空白を設けずに多くのローソク足を表示させると参考になる材料は増えますが、空白を設けることで先の値動きがイメージしやすくなります。

たとえばレンジ相場であればそのまま推移するかもしれませんし、ブレイクするにしても上下両方のパターンを考えるでしょう。

また、同じ上昇のシナリオでも、すぐに上がるのか、少し時間経過が必要なのか、一旦の押しを想定するのか、これらは別々のシナリオとして考えます。

シナリオ作りには、ともかく待つことが大切です。時間の経過とともに、上昇トレンドやレンジ相場が続いていくのか、値動きのリズムが崩れてトレンドが変化するのか。そうした「相場の流れ」が時間経過とともに見えてきます。その際は、勘や当てずっぽうではなく、必ずテクニカル分析など根拠に基づいて相場を分析し、シナリオを作るようにします。

その後の展開で複数想定していたシナリオが減っていき、イメージが絞れる場面がやってくるので、そこまで待つことが大切です。「勝ち」のシナリオが増え、「負け」のシナリオが減ったと判断できたタイミングということですね。しかしながら、シナリオの精度を高める、確信を持てるようになるにはやはり経験が必要なので、そのためにもできるだけチャートを眺めることをおすすめします。

FXを始めてから日が浅い人は、精度の高いシナリオを想定するのはなかなか難しいでしょう。でも、トレードの経験を積むことで能力不足を埋めることができます。「ロングで入っているのに上がってこない」など、相場には何となく嫌な空気感があり、それを肌感覚で感じられるかどうかは経験の差だと思います。普段の仕事や趣味もそうですが、うまい下手の差はあれど、5年、10年と経つとそれなりに技術や知識が身につきます。FXもそれは同じで、経験は上達につながります。ただし経験を積むには退場しないことが大前提であり、そ

図1-3　チャートの右側に空白を設ける

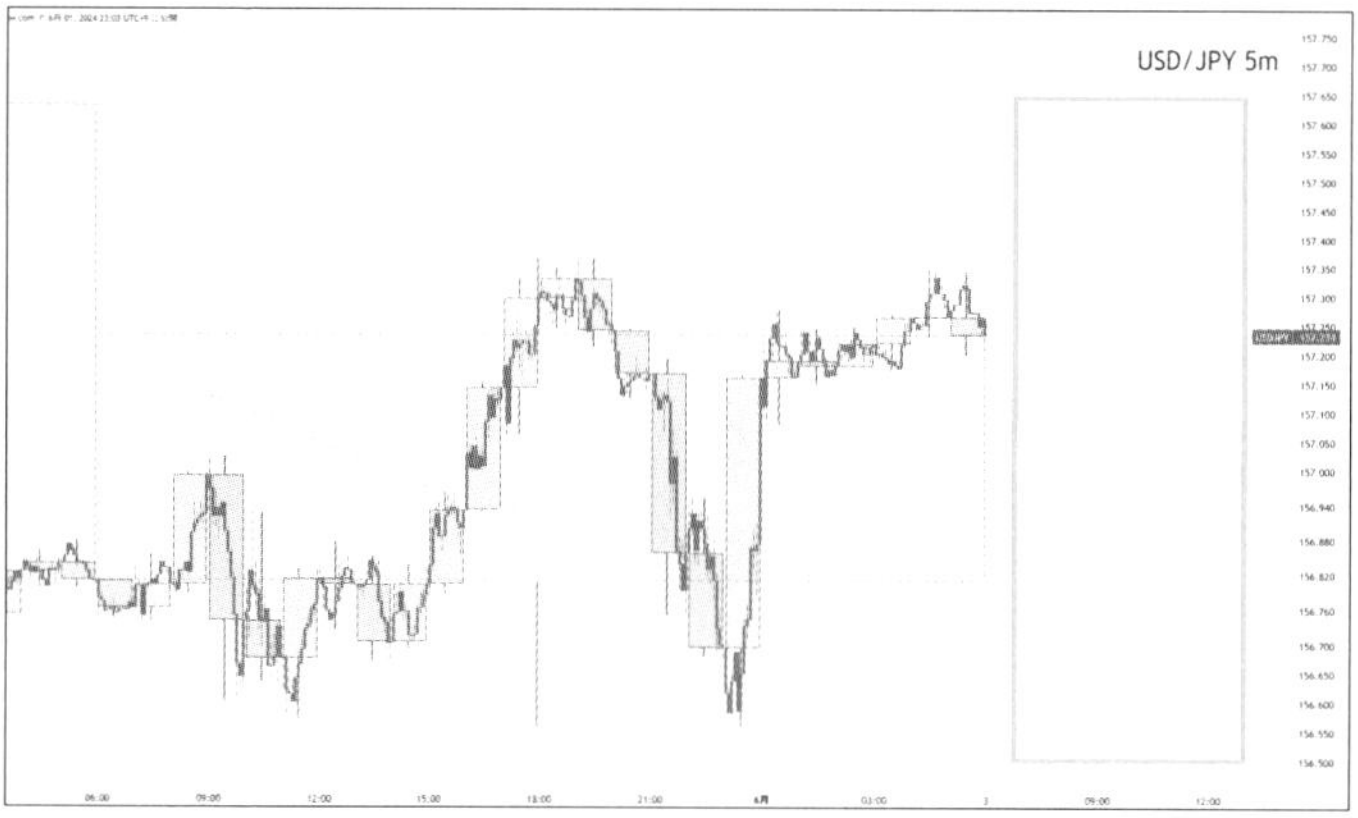

右側の空白が、相場の展開を予想する余地となる。

のためにもロスカットをはじめとするリスク管理を最優先する必要があります。

また、漫然と勝った、負けたを繰り返してもなかなか成長につながりません。勝ちパターンと負けパターンのシナリオを考えて、シナリオに沿ったトレードを守るということを繰り返すと良質な経験を積むことができます。そうすれば資金不足で市場から弾き出されることがなくなり、相場と長く付き合い続けられる。そのサイクルを構築できれば、経験を積み成長できるはずです。

なお、様子見も大切で、トレードをしていないから経験にならない、ポジションを持たないと学びにならないということではありませんので、チャートを見て、考え、検証することも大切な経験です。具体的なシナリオの作り方は、4章で詳しく解説します。

損小利大のためロスカットを徹底する

ここまでで繰り返し「ロスカットを徹底する」と述べましたが、その際に意識してほしいのは、損失は小さく抑え、利益は大きく伸ばすことでトータルの利益を伸ばす「損小利大」のセオリーです。そして、損小利大を実現するのに知ってほしいのは「損益率」という考えかたです。

FXが下手な人でも、0勝10敗というのはレアケース。なかには5勝5敗、6勝4敗でもトータルで負けているという方がいます。

つまり、10回のトレードのうち半分以上は勝っているのに、資金が減っているわけです。

マイナス超過の状態ですね。

勝率ではなく「損益率」で考える

私がトレードで苦労している方に伝えたいのは、以下の3点のバランスをどう取るのかということ。それは、最終的な収益はこれらのバランスで決まるからです。

●勝ちトレード1回あたりの平均利益
●負けトレード1回あたりの平均損失
●勝率

これらの指標をもとに重視するのは、トレードにおける「損益率」です。損益率とはトレードでの利益額と損失額の比率のことで、「勝ちトレード1回あたりの平均利益÷負けトレード1回あたりの平均損失」で算出します。

●トレードごとの平均利益が2万円、平均損失が1万円＝損益率2・0

●トレードごとの平均利益が2万円、平均損失が2万円＝損益率1・0
●トレードごとの平均利益が1万円、平均損失が2万円＝損益率0・5

損益率は高いほうが利益を出していることになり、仮に勝率50％で損益率1・0なら損益はプラスマイナスゼロです（スプレッドなどは除く）。

ただし、相場が上がるか下がるかの確率は2分の1で、正確に予測することはできません。一方、損益率は相場環境に左右されず、損小利大を徹底するなどによって自分でコントロールできます。その具体策が負けパターンの想定であり、平均利益より狭い範囲内でのロスカットなのです。

FXで稼ぐというと、ほとんど負け知らずで常勝街道をひた走り利益を積みあげていくようなイメージをする人も多いのですが、そういう〝スーパートレーダー〟は現実にはほとんど存在しません。私はそうではありませんし、大多数の方も同様でしょう。

普通の人が普通に稼ぐためには損益率を意識し、「損を最小限に抑える」ことを重視する必要があります。すなわち**ロスカットの徹底、つまりリスク管理がＦＸで稼ぐための必須条件であり、トータルで資金を増やすための手段**となります。

勝率を取るか、利益率を取るか

相場の先がどうなるかは誰にもわからず、勝率を上げることは容易ではありません。また、勝率を上げるためには「損失の許容」というリスクを差し出す必要もあります。たとえばエントリー後にシナリオと逆行したからといってすべてロスカットすると勝率は上がりません。勝つためには耐える時間が求められます。ただし、そこでロスカットすれば小さな損で済んだのに、我慢したばかりに大きな損失につながることがあるのも事実です。勝率を上げるためには、損失拡大のリスクが伴うのです。

逆も同じで、少しの含み益で利益を確定してしまうと、利益は小さくなります。利益を伸ばすためにも多少の我慢は必要ですが、我慢をすると相場が反転して損失になってしまうかもしれません。利益を伸ばすためには勝率をリスクとして差しださないといけないということですが、どこまで許容するかは本人の性格によるところが大きいと思います。勝率を上げたいのなら小幅な利益を狙えば実現できますが、大きな利益を狙うなら損失に転じるかもしれないというリスクを許容する必要があります。

だから私が重要だと考えているのは、自分でコントロールできる損益率を高い水準で維持することで、損小利大のトレードにしていくことです。これがトレードを勉強することだと私は考えています。

ちなみに私は利益を引っ張るタイプなので勝率はなかなか上がらず、その結果損失につながることも幾度となくありました。その一方で、ともかく損失を小さく抑えることを徹底したので、勝ち負けを繰り返しながらも結果的に資産を増やすことに成功しています。そして成功を体験することで自分の型が定まり、精度の高いシナリオ作りや、リスク管理を徹底することもできるようになっていきました。

ロスカットの基準はどうやって決める？

　ロスカットの重要性はわかったとして、どの価格で設定するかは迷うところです。高値・安値、なかには移動平均線を参考にするトレーダーもいるでしょうが、私は準備したシナリオの内容に反した時点でロスカットしています。

　まず前提として、トレードの時間は60分と決めているので、60分を過ぎても値が思ったように動かなかったらロスカットします。また、「この安値は割らないからロングで入る」と見立てたのに、エントリー後に安値を割ってしまったら、それは想定外の事態ですから、ロスカットの対象となります。

　ただし、ブレイクしたかと見せかけて反対方向に動く「ダマシ」もあるので、安値を損切り価格に設定したり、割った直後にすぐさま決済するのではなく、もう一段下がったところ、つまりシナリオが完全に崩壊したポイントをロスカットの決め手にしています。さらに、動かない「結果が出ていない」ことを根拠としてロスカットするということもあります。

一方、ロスカットの目安をつけておくことで、リスクを抑えたエントリーポイントも決めやすくなります。たとえば米ドル円相場で「ドル価格が上昇する」とシナリオを描き、ロングで取引しようとする際、現在価格から利益確定までの利幅が100pips（1円）、安値のロスカットポイントまでが50pips（50銭）あるとしたら、想定できるリスクとリターンは次のようになります。

●想定リターン：100pips
●想定リスク：50pips

この場合はリスクより高いリターンが期

図1-4　利益確定とロスカットのイメージ

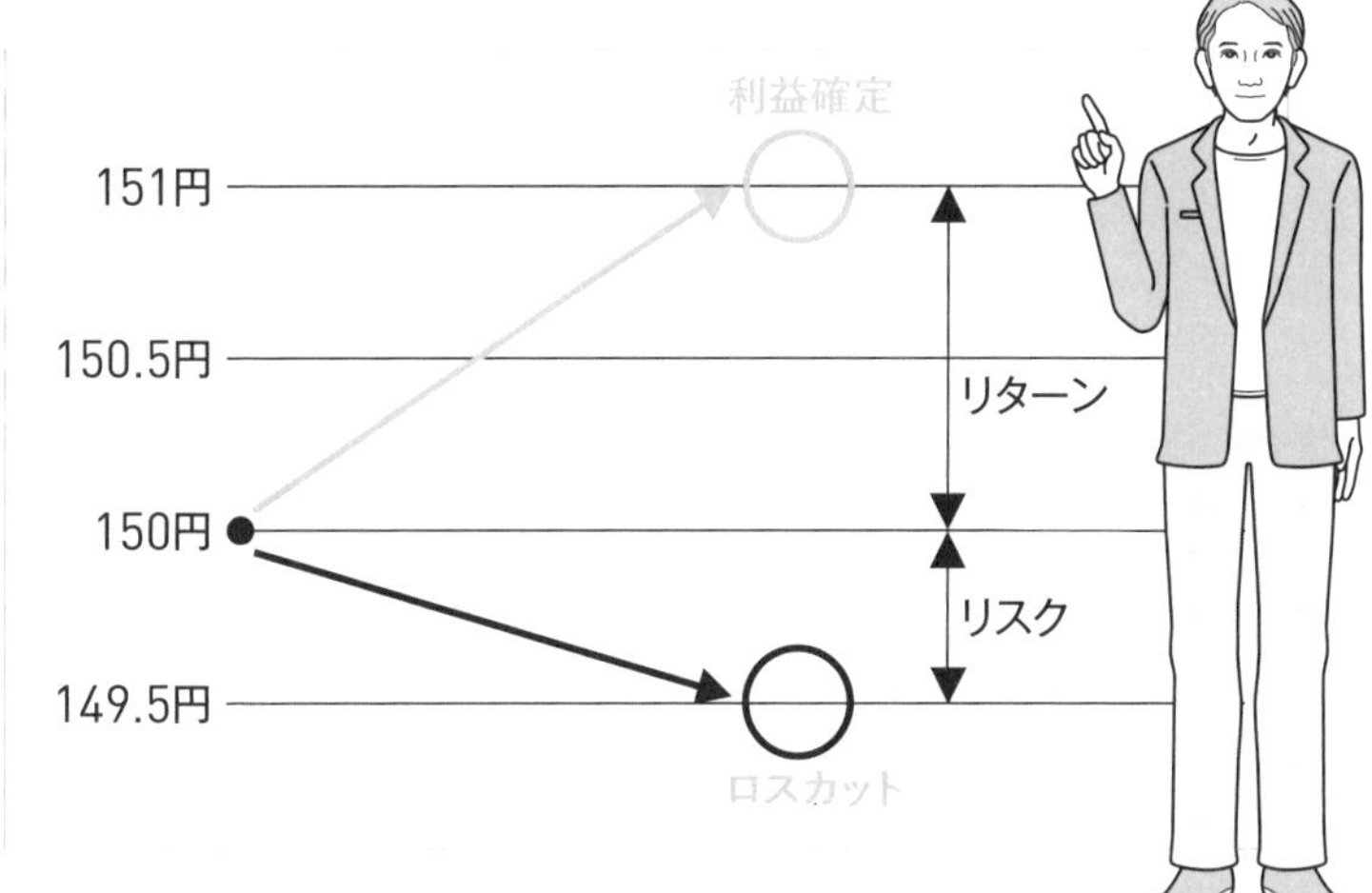

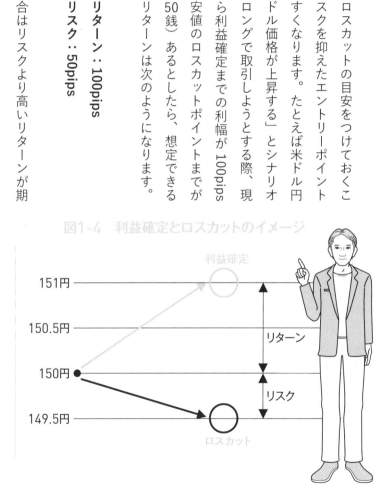

待できるのでトレードに入っても問題ありませんが、仮に現在価格からロスカットポイントまで200pips（2円）の値幅があると、リターン以上のリスクを背負うことになり損小利大のセオリーから大きく逸脱します。それならば、価格が下がるまで様子を見るという選択もできるでしょう。

このように勝ちのシナリオを考えると同時に、シナリオ通り動かなかったときのロスカットポイントまで決めておくと、どこでトレードに入れば損小利大を実現できるか把握できるのです。さらに60分のタイムリミットを決めて結果が出ないことでも、一度撤退することで損を小さくしています（エントリー後はすぐに動くことを想定している）。

そう考えると、ダメな時のシナリオもかなり具体的に考えておいた方が、適正なリスク管理になるといえるでしょう。

ＦＸは投機的要素が強いことを意識しよう

ＦＸのリスクやリターンを自覚するには、株式や投資信託と異なる金融商品であることも理解しておくべき点です。２０２４年に入り新ＮＩＳＡが話題で、私も優れた制度だと考えています。

期間限定だった旧制度と異なり恒久化されたことは大きく、お金を長期的に株式や投資信託に預けることでインフレの波に乗ることができます。これこそが投資の本質です。

一方でＦＸは為替相場の値動きで稼ぐ「投機」です。かつ、レバレッジを利かせるのは大きなリスクであり、ポジションを持ち続けることもリスクです。こういった違いは知っておくべきことでしょう。だからこそ、適度なタイミングで損益を確定させるリスクが必須なのです。これができないから、短期間で退場するトレーダーが多いのだと思います。

ただし、ＦＸは月間で10％の利益を生むのは珍しいことではなく、１年後に口座資産が倍になることもざらにあります。投資信託はもちろん、株式投資でもなかなかありえないことでしょう。リスクを取るから夢があるということも、知っておいてほしいことです。

「こうすれば勝てる！」から卒業しよう

ひとつのテクニックやセオリーに頼るのは危険

シナリオ作りとリスク管理がＦＸの成否を握っていますが、そこに万人に共通する聖杯はありません。「こうすれば勝てる！」というテクニックやセオリーで勝てるのなら、相場にいる全員が勝てることになります。テクニックやセオリーで勝っている人もいます。でも自身の経験やリスク許容度で変わりますので、**本や動画で学んだテクニックに頼り切るのは禁物**です。本書もあくまで参考であり、ここからみなさんに合ったセオリーを見つけ出してほしいのです。

現代は情報社会なので、FXに関しても書籍やインターネット記事、SNSなどでノウハウを見つけることができます。ただし、それらすべてに目を通すことでトレードがうまくなるかというとそういうわけでもなく、共感や興味を覚えた人のノウハウを掘り下げ、実際のトレードに応用することで血肉になっていくと私は考えています。ひとつのことをしていると別の手法も気になりますが、それではトレードにブレが生じて結果が出ないことのほうが多いでしょう。

自分に合ったやり方を模索しよう

私は理系出身なので実験に例えると、科学はひとつの仮説に対して実験を行い、必ず結果を出し、その結果をもとに次の段階に進みます。複数の実験を並行したり、ひとつの実験に複数の要素を盛り込むことはしません。

それはFXも同じで、参考にする情報を絞り込み、自分に適するか試したりチューニングを施し最適化を図ることが大切です。テーマを決めてから仮説と検証を繰り返すのが、もっとも効率的かつ実践的な学びになります。

自分に合わないテクニックやセオリーは、たとえそれで稼いでいる人がいても固執せず、新しく自分に合ったものを探すほうがよいと思います。これが自分なりの型を作ることにつながっていきます。私も散々トライ&エラーを繰り返していて、考え方のごみ箱には合わなくて捨てたものがたくさん詰まっています。ですが、こうした行為が無駄になったとは思いません。


世の中には「これだけやれば勝てる!」と謳うFX必勝法のようなノウハウもたくさん紹介されていますが、その手法を考案したトレーダーはそれだけをやっているわけではなくて、いろいろなことを考え、実践しているから勝っているのだと思います。

メディアを通じて紹介されているのはエッセンスの一部なので、万人に通用するかはわかりませんし、その手法を学んだからといって、まったく同じトレードはできません。似た動きをする相場はあっても、まったく同じ価格でまったく同じ動きをする相場はありえないからです。エッセンスを学ぶことは大切ですが、それを自分自身の手法としてアレンジする必要があります。繰り返しますが、それは本書で紹介する私の手法についても同じです。

デイトレードにはテクニカル分析が有効だが注意も必要

たとえば、ＦＸでは市場の動向を探るには、チャートを参考にする「テクニカル分析」と、国の経済状況や政治、金融政策など為替市場に影響を与える要素を考慮する「ファンダメンタルズ分析」の2種類に大別されますが、デイトレードがメインの私はテクニカル分析を重視しています。ファンダメンタルズは効かないわけではないですが、ファンダを織り込むにはデイトレードは時間が短すぎると思うからです。

インフレに苦しむアメリカはこれまで数度にわたる利上げを実施してきましたが、2024年秋以降は利下げに転じると言われています。利下げがドル売りを誘うかどうかは不明。利下げがドル売りを誘いやすいと考える人が多くなるのは間違いないでしょう。

ところが、本書を執筆している2024年4月時点で、相場が利下げを織り込んで動いているわけではなく、利下げを実施するまでに値動きがどうなるかはわかりません。

1日に限定するデイトレードで見ると、ドルが買われることも売られることもあり、「利下げをするから下がるだろう」という考えは通用しないのです。こうしたことに気づいたのは、ファンダメンタルズについて学びデイトレードにどれだけ影響するか検証したからです。だから私は大きな流れを見込んだトレードをすることはありません（ただし、これはあくまでもファンダメンタルズが及ぼす大きな流れが、デイトレードにどう影響するかについてですので、ファンダメンタルズ分析がムダと言っているわけではありません)。

テクニカル分析は相場分析にとても有効ですが、鵜呑みにするのも危険です。たとえば、ダブルボトムや移動平均線のゴールデンクロスやデッドクロスは売買タイミングを計るためのセオリーとして有名ですが、必ず機能するとは限りません。市場の状況により効くときとそうでないときがあるので、「なぜこのセオリーは有効なのか」「どういったときなら機能するのか」まで根拠を調べたうえで、自身の取引に応用することが大切です。

では、なぜテクニカルのセオリー通りに値動きが展開しないかというと、トレーダーが見ているチャートが影響し合うからです。

たとえば、私はデイトレードでは5分足をメインにチェックしていますが、5分足の世界は1時間足の世界の一部であり、その影響を多分に受けます。5分足ではダブルボトムになっていても、1時間足ではローソク足の実体の一部でしかないかもしれません。

為替市場には投資スタンスの異なるトレーダーがたくさんいて、どちらかというと日足など長い時間軸を見て、中長期的なトレードをする層の方が巨額の資金を運用しています。値動きに対する影響力も強く、それが時間軸の短いチャートで短期取引をするトレーダーにとって、セオリーを無視した値動きとなって表れることがあるのです。こういった点にも注意が必要なので、3章で詳しく解説します。

仮説と検証に資金を投じる

経験を積むにあたって、「デモトレード」を利用するという方もいます。意見はわかれるところですが、私はリアルなトレードで仮説・検証を行います。現金だとリスク管理はシビアになりますが、デモトレードはどうしても真剣さが欠けてしまうからです。やはり取引に実態が伴わないと、リスク管理もおろそかになります。

生活に支障がないくらいの金額を運用するだけでも資金の上下を体感でき、モチベーションの維持にもなると思います。もちろん、デモトレードでも真剣に取引ができる方は、それでも構いません。

また、仮説を立てる場合は過去の値動きを参考にするのが一般的です。多くのトレーダーは「以前はこうだったから、次もこうなる」と考えてトレードに入るのですが、相場がつねにセオリー通りに動くとも限りません。過去の値動きは仮説のひとつにしかすぎず、将来の利益を保証するものではないことも押さえておくべきです。

だからこそ、仮説をもとにシナリオを作る際は、それに沿った勝ちパターンと、セオリー通りに動かないことを想定した負けパターンの両方を考えておかないといけないのです。そして実際に取引して検証することで、大きな財産となることは間違いありません。

自分のトレードを振り返る

トレード中の感情をメモしておく

そして、結果に対するフィードバックも大切で、私は必ず記録を残すようにしています。トレードに慣れないうちは、取引日時や価格、損益をトレードメモとして残し、振り返ることで成長につながります。それに加えて、**トレード中の自分の感情をメモしておくのがおすすめ**です。

トレードは感情に左右され、同じような相場展開でも冷静なときと熱くなっているときでは、結果は大きく変わります。たとえば、ある日すでに1万円負けているときと1万円勝っているときでは、その後の行動や結果に違いが生まれるはずです。仮に損していたらマイナスを取り戻そうと、通常なら1万円で利食いするところで、欲張ってしまうかもしれません。

ですから何を考えてトレードしていたのか、そのときの感情を残しておくと、後で見返したときに、「熱くなって欲張ってしまった。この時点で利食いしておくべきだった」のように自己分析ができ、その後、同じように熱くなってしまったとき、「前に熱くなって大損したことがあったな」と感情的になっている自分を客観視でき、リスク管理に活かすことができるでしょう。

私自身、負けたときにリベンジトレードをすることが多く、その結果損失を拡大させることが少なくありませんでした。それをフィードバックで知ったことで、熱くなったときはトレードを控えるという決心に至ることができました。自分の性格は自分にしかわかりませんから、検証や実践に伴う感情の記録は大切です。トレードに慣れてきたら、メモは簡略化して大丈夫です。

振り返りから得意なパターンが見つかる

他にも、どれだけリスクを取ってトレードに入ったのかも、メモに残しています。というのも、私は相場の上昇中に取引に入るなど、飛び乗りトレードをすることが多かったのですが、これだとロスカットのポイントからどんどん離れリスクを高める可能性があります。リスクが大きくなっている状況下でエントリーしたかどうかも必ず書き留めておくことで、脊髄反射的なトレードが回避できるようになりました。

もちろん、最初に想定したシナリオと実際の行動についても記録を残しています。そうすると、シナリオ通りにトレードをしていることもあれば、まったく違った行動をしていることもあるとわかります。シナリオとトレードにあまりに乖離があるようでしたら、シナリオを作った意味がないということです。シナリオ通りに動くことで利益を得ているとわかれば、自分の得意パターンを知り、自分のトレードスタイルを固めることにも役立ちます。

私にとって「自分のトレードの振り返り」をして大きかったのは、当初は相場ありきで、相場に合わせてトレードしていたのが、自分の考えありきで、想定したシナリオにマッチしたら取引をするようになったことです。これは勝率の改善や損小利大に大きく役立ちました。

また、自分の考えに合わない相場展開のときは取引を避けるので、余計なトレードをしないで済むようになりました。資金をリスクに晒すことが減って、得意なパターン、好きなパターンでトレードをするのでメンタルも安定します。当然ながら、再現性の高いトレードの確立にもつながります。

FXは慣れてきたころが危ない

トレードをする前に多少の勉強はしていても、準備万端でFXの世界に入ってくる人はあまり多くありません。気軽に始めてうまくいってハマる人もいるようですが、2年目、3年目を迎えると壁にぶつかってうまく稼げなくなったり、大損したり…。

そんなパターンをよく聞きます。私の勉強会もそういった2年目以降の方が多く、ビギナーは少ないのが現状です。

伸び悩むからこそ勉強会に参加しようと考えるのでしょうが、その姿勢は大切です。やはり、何事も慣れてきたころが危なく、中途半端な知識では変化する相場に通用しなくなることもあります。「前はこうだった」という思い込みにもとらわれやすい時期だからこそ、前例にとらわれず新たな知識を吸収し、仮説・検証のサイクルを回してください。

私自身も過去を振り返ると、苦い経験があります。FXではなく株式投資で、当時は新興市場が盛り上がっていて時価総額の小さな会社がどんどん買われているころでした。ある程度株式投資の知識があると、「いまは高値圏なので買えない」となりますが、当時の私は経験・知識ともに不足しており、「勢いがあるなら買えばいい」と考え、いま思うと適当でした。結果的には環境に助けられて利益は残りましたが、その後ライブドア・ショックが起き、新興市場の活況は終わりました。本来なら「どうもいままでとは違う」と気付き、分析したり勉強したりするのですが、過去の成功体験が邪魔をして低調に陥ったのです。

始めてから数年程度の経験や知識なんて、そんなものです。市場の追い風を実力と勘違いしたり、たまたまうまくいっただけなのに「予想通り」と誤認したり。「おかしい」と思っても、過去の成功体験に固執していては、市場の変化についていけず稼ぐことはできなくなります。変化を素直に受け入れ、前例にとらわれないことも、生き残るために必要なのです。

私は相場の流れに乗れたのも、投資の経験を積めたのも幸運なことであり、その後に資金を減らしたといっても、始めたころに比べると資金はだいぶ増えていました。それは前述したリスク管理の考え方を守っていたからです。前例にとらわれない、変化に柔軟に対応するといっても、**リスク管理のような相場環境が変わっても普遍的に通用することを、きちんと身に付け実践しつづけることはとても大切なのです。**

学びながら稼ごうとしてもうまくいかない

もうひとつアドバイスするとすれば、FXの学びと実践は同時進行ではなく、別々にすることとです。学ぶときはそれに集中し、稼ぐときは中途半端に学ぶのではなく取引に集中するほうが、結果的にうまくいきます。FXはみなさんが思う以上に難しい世界で、学びながら大きく稼ごうとするのはかなり難易度が高いと思います。そのためには、まず退場しないことが大切ですので、リスク管理を徹底させて下さい。

ただし、特別な人しか成功できない世界でもありません。私自身、学生時代の成績は普通でしたし、いまもごく普通の人間です。何が違ったかというと投資が好きで面白く、深く知ろうと努力しました。退場した人たちとの違いがあるとしたら、それくらいです。その結果、いまのように素晴らしい景色を見ることができたので、投資が好き、お金を稼ぎたい、金融関係に興味があるなら、前向きに取り組んでほしいと思います。

2

TAKA's Original FX Secrets

FXで稼ぐために必ず覚えておくこと

為替市場と動く通貨

為替はつねに変動している

前章では、稼げる人とそうでない人の違いは「シナリオ」にあると述べました。トレーダーであれば誰もが今後の相場展開を予測し取引に入りますが、その際は勝ちパターンと負けパターンの両方を想定し、その内容に従うことが最大のリスク管理になるということです。加えて、損小利大のトレードを実践することが、利益を残す決め手になるとも解説しました。

具体的な私の考え方やトレード手法については3章以降で解説しますが、その手前となる本章ではＦＸの基礎をおさらいしつつ、１章で触れた「ダウ理論」について詳しく紹介するとともに、これを活用した「相場環境の把握」の方法について解説します。

株式と異なりＦＸで取引するのは「為替レート（通貨間の交換レート）」です。たとえば、１ドル１５０円のときもあれば、１ドル１４０円になることも、１ドル１６０円になることもあります。２０１１年のように約75円の円高のときもありましたが、ここ最近のように円安が続くこともあります。このような、つねに変動する為替レートの特性を応用した金融商品がＦＸなのです。

レバレッジは諸刃の剣のような存在

ＦＸについて語るうえで欠かせないのは「レバレッジ」の仕組みについてです。これは、少ない資金でその何倍もの金額を取引できることを指し、ＦＸでは最大25倍と定められています。

小さな力で大きなものを動かす「てこの原理」になぞらえこう呼ばれており、限られた資金で取引を始める人にとって強い味方といえるでしょう。私の場合は口座残高に入れる金額を少なくして、その分レバレッジを高く取引しています。理由は資金に余裕があるとついポジションを取り過ぎてしまうからです。

レバレッジが最大25倍ということは、取引数量の25分の1（4％）の資金を保証金として口座に預ければよく、たとえば1万通貨分の保証金で25万通貨分の取引ができるということです。この最低保証金額は取引する通貨のレートや、事業者の最低取引数量によって異なります。かつては1万通貨がスタンダードでしたが、いまは1000通貨など、より少ない単位で始めることができるので、資金が少なかったり、資金に対してあまりレバレッジをかけたくないという場合は、こういった事業者に口座を開くとよいでしょう。

ただし、レバレッジを利かせた取引は少ない投資額で大きな利益が狙える反面、予測と反対方向に価格が動くと損も大きくなります。25倍のレバレッジをかけたら、利益も25倍ですが損失も25倍になるのです。FX事業者は損失の拡大を抑えるため、保証金維持率が一定以上を割り込むと強制的に取引を終了する「ロスカットルール」を設けており、発動すると強制ロスカットとなり、保証金は大きく減ってしまいます。こういった仕組みにも注意しましょう。

FXは「ロング（買い）」と「ショート（売り）」両方で稼げる

株式取引は基本的に株価の上昇で利益を狙いますが、FXは価格上昇の波に乗る「ロング（買い）」と、価格下落の波に乗る「ショート（売り）」というように、上昇・下落のどちらでも利益を狙うことができます。

たとえば、米ドルと日本円を取引する米ドル／円を例に挙げると、「ロング」は1ドル150円のときに日本円から米ドルに交換し（米ドルを買う）、151円になった時点で売却（決済）すると、差額1円分が利益となります。1万通貨の取引なら1円×1万通貨＝1万円の利益です。反対に1ドル149円になると1万円分の含み損となり、この時点で売却するとその金額が損失として確定します。

一方の「ショート」は、為替レートの下落で利益が発生します。先ほどとは反対に、1ドル150円のときにトレードに入り、1ドルが149円になった時点で買い戻す（決済）すると151円になると同額分の損失が生まれます。

このように、為替レートの上昇・下落のどちらに動いても利益を出せるのがFXの大きな特徴です。私自身もトレードに入る前は相場の状況を見極め、ロングとショートの両方を使い分けています。

スワップポイント（金利）でも稼げる

為替差益に加えて、「スワップポイント」（金利差収入）を得られるのも特徴です。

FXでは低金利の通貨を売り、高金利の通貨を買うことで、2国間の金利差により発生する利益を毎日受け取ることができます（休日分はまとめて受け取る）。

たとえば、日本の政策金利0・10％に対してアメリカは5・50％（2024年3月時点）。この場合、米ドル円を買い取引すると、ポジションを持っている間は1万通貨あたり255円前後のスワップポイントが発生するのです（金額はFX事業者により異なる）。高金利通貨を持っているだけで金利収入が毎日手に入るのですから、これを目的にFXを始める人も少なくありません。

ただし、スワップポイントの基準となる政策金利は、消費者物価指数など景気の状況に応じて定期的に見直され、引き上げ・引き下げが実施されると付与される金額は変動します。

これに伴い為替レートも動いた結果、ポジションの含み損益が大きく上下することもあります。暴落や暴騰など場合によっては、受け取った金利以上の損失が生まれる可能性もあるので、注意しないといけません。

FXは平日24時間取引できる

FXの舞台となる外国為替市場は、月曜日朝にニュージーランドのウェリントン市場から始まり、東京、シンガポール、欧州市場へと続き、最後に米NY市場に引き継がれます。そして翌朝に再びウェリントン市場に戻るというサイクルを土曜日朝まで続けます。

日本の祝日は海外には関係ないので、海外市場が開いていれば取引できます。よって、市場が休場となる土日や元日、クリスマスといった特別な日を除くと、平日は24時間取引できるのが特徴です(事業者のメンテナンス時間も取引はできない)。もし土日に為替に大きく影響するような出来事が起これば、月曜朝に価格が大きく動くかもしれません。

一般的に日本時間の8時からを「東京市場」、16時以降を「欧州市場」、21時以降を「ニューヨーク(米国)市場」と呼び、これら3大市場は取引量が増え、値動きも活発になります。

とりわけ日本時間夕方以降の、欧州勢やアメリカ勢がトレードの中心となる欧州市場とニューヨーク市場は、FXにおいてもっとも取引しやすい時間帯であり、私がトレードをするのもこの時間帯がほとんどです。両市場に比べて値動きが乏しい東京時間に私が取引することは基本的にありません。

FXでは「米ドル／円」「ユーロ／円」「ユーロ／ドル」など、2国間の通貨を組み合わせた「通貨ペア」が用意されており、日本国内のFX事業者は日本円と外貨を組み合わせた通貨ペアが多く、外資系事業者は外貨同士の通貨ペアが豊富など、プラットフォームにより取引できる通貨ペアは異なります。

また、取引ツールやアプリ、市況に関する情報提供の内容・頻度、コストなど、サービス全般についても各社により変わりますから、自分に合った事業者に口座を開くことをおすすめします。

通貨ペアを選ぶときに気をつけること

では、数ある追加ペアの中から何を選び、どの時間帯で取引するのがよいでしょうか。その答えは「価格が動く通貨ペア」となります。為替とは通貨を交換(売買)することです。米ドルを売って日本円を買う、反対に米ドルを買って日本円を売るというように、売り買いがセットになっているのが基本であり、米ドルと日本円の価値を比べた結果、1ドル＝150円というように売買が成立することで為替レートが変動しています。活発に取引されることで、値が動く通貨ペアを選ぶことが、為替差益を狙うFXにおける重要なポイントです。私自身、トレードを始める際は、「変動率が高い通貨」を見極めることを重視しています。

たとえば、あるタイミングで米ドルが買われていて、日本円は売られている傾向が強いとわかれば、米ドル／円の通貨ペアは円安ドル高に動く可能性が高く、この場合はロング目線で取引に入ることを想定し、シナリオの作成に進みます。反対に米ドルが売られ日本円が買われているならショート目線になりますし、両方の通貨が買われているなら米ドル／円の値動きは鈍くなるので、米ドル／円では取引をせず別の通貨ペアで取引するという結論に至り、売られている通貨が他にないか探します。

要するに、買われている（強い）通貨と売られている（弱い）通貨の組み合わせこそ、大きな値動きが期待できる、トレードに向いている通貨ペアというわけです。

米ドルの強さがわかる指標とは

通貨の強弱を確かめる方法ですが、私が参考にしている指標のひとつが「ドルインデックス」です。

ドルインデックスは、ユーロや日本円、英ポンドなど複数の主要通貨に対する、米ドル単体の強弱を把握するための指数です。数値が高ければ高いほど主要通貨に対して米ドルが買われており、反対に数値が低くなればなるほど米ドルが売られていることを表します。

ただし、ドルインデックスの種類はひとつではなく、FRB（米連邦準備制度理事会）やICE（インターコンチネンタル取引所）など複数の組織が独自の基準で算出しており、それぞれで採用している通貨の種類や割合は異なります。たとえばFRBのドルインデックスは26通貨、ICEは6通貨で構成され、後者はユーロが約6割を占めています。よって、こちらの場合はユーロ／ドルの値動きの影響を受けやすいといえるでしょう。一般的には取引所に上場しているICEドルインデックスのほうが目にする機会は多く、私もこちらを参考にすることが多いです。

図2-1　外国為替市場における通貨別取引高シェア

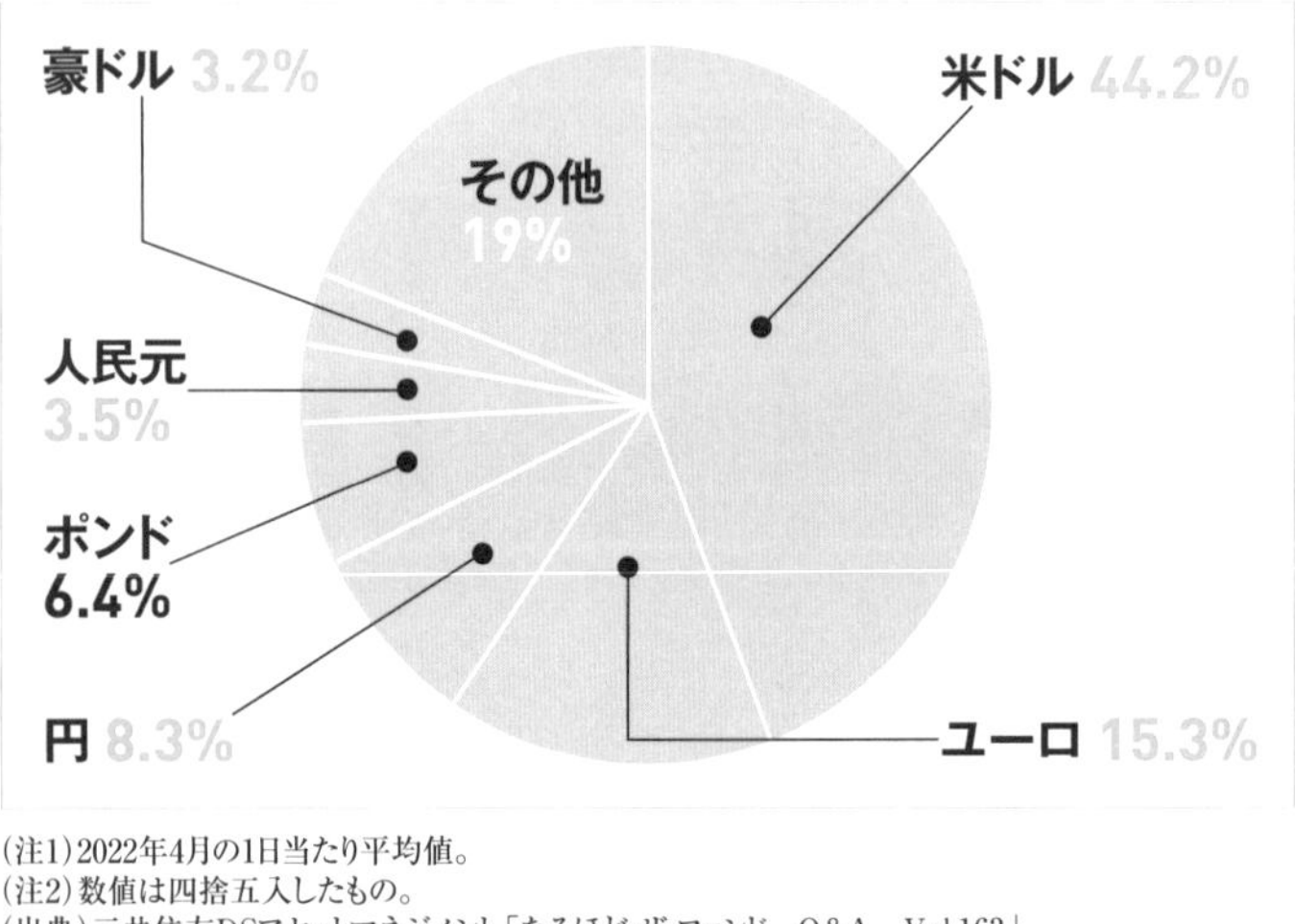

（注1）2022年4月の1日当たり平均値。
（注2）数値は四捨五入したもの。
（出典）三井住友DSアセットマネジメント「なるほど・ザ・ファンド　Q&A　Vol.163」

全世界で流通している通貨の約44％は米ドルで、次いでユーロ（約15％）、日本円（約8％）、英ポンド（約6％）、人民元（約3％）という順番です。圧倒的に米ドルの流通量は多く、為替市場に与える影響もけた違い。たとえば、米ドル円のうち10％を日本円に換えると急激に円高が加速するでしょう。対して日本円の10％を米ドルに換えても、さほど影響しません。

わずかな動きであってもインパクトがあるからこそ米ドルの強弱は最初にチェックすべきだと考えており、数値が高いなら米ドル高の値動きを想定して、トレードの準備に入るようにしています。反対に、ドルインデックスにあまり動きが見られないのなら全体的な相場の変動につながりにくく、トレードを見送るという判断を下すことが多いです。

ドルインデックスがその日のドルの強弱を把握するのに便利なことに対して、１日や1週間、１か月など、短期～中長期における通貨の強弱を知るために活用しているのが「強弱チャート」です。これは、一定の期間で強い（買われている）通貨と弱い（売られている）通貨が一目でわかるもので、これらを組み合わせた通貨ペアは値動きが活発になりやすいことを示しています。

通貨の強さが一目でわかる通貨強弱チャート

また、**私が通貨の強弱を調べるうえで他に参考にしているのは、高機能チャートツール「TradingView（トレーディングビュー）」内で見ることができる通貨の強弱チャート**です。**インジケーター名は「Currency Strength Chart」**。

過去の通貨の変動率から算出した通貨指数をもとに、通貨ごとに強弱をビジュアル化してあるので、一目で通貨の強弱の動きがわかります。

強弱チャートは起点日から各通貨が上昇・下落のどちらに向かったかを示しており、0を基準に上向きなら「買われている」、下向きなら「売られている」と判断します。過去1週間の強弱チャートで豪ドルが下がっているなら売られている、米ドルが巻き返

図2-2　通貨強弱チャート(Trading View)

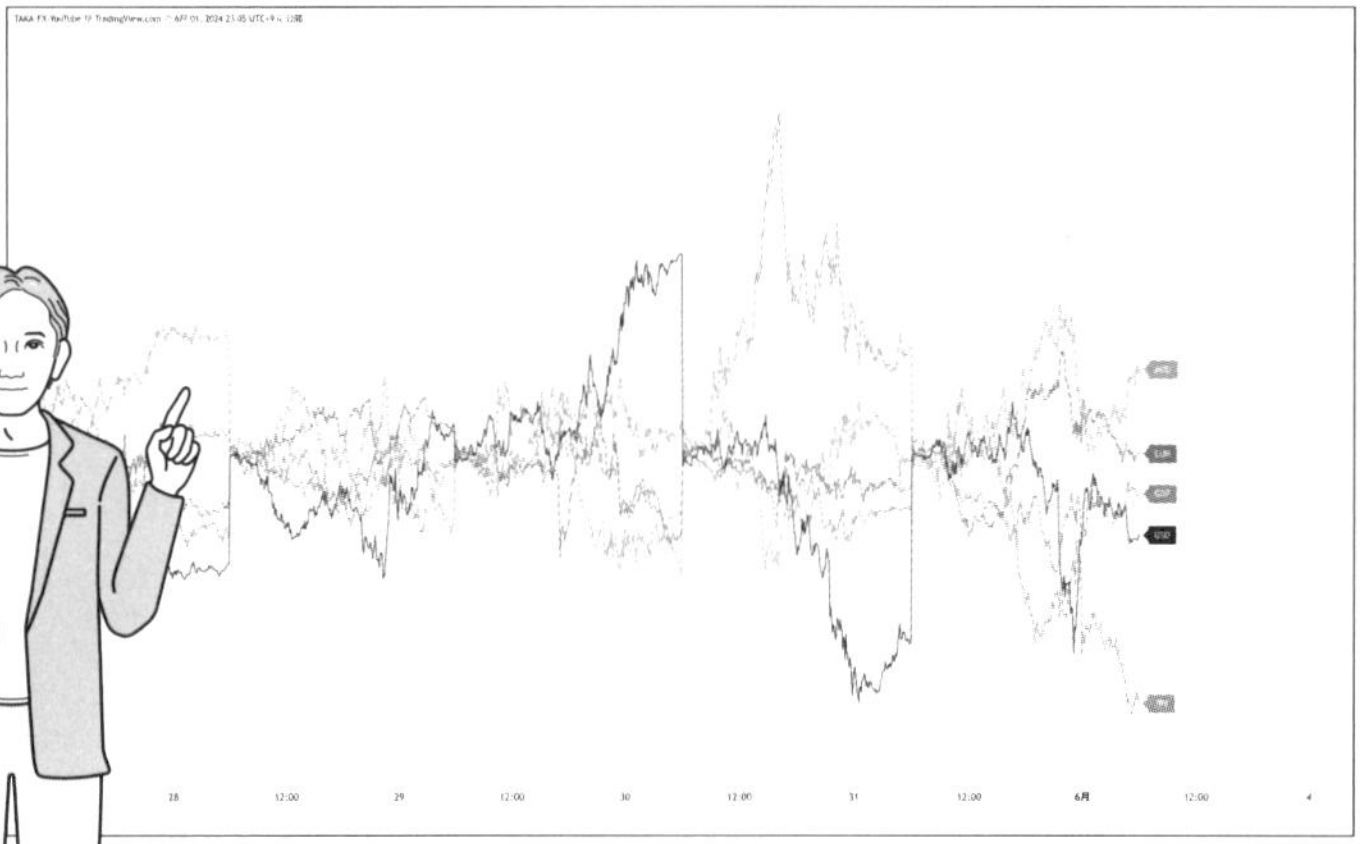

(5日分)

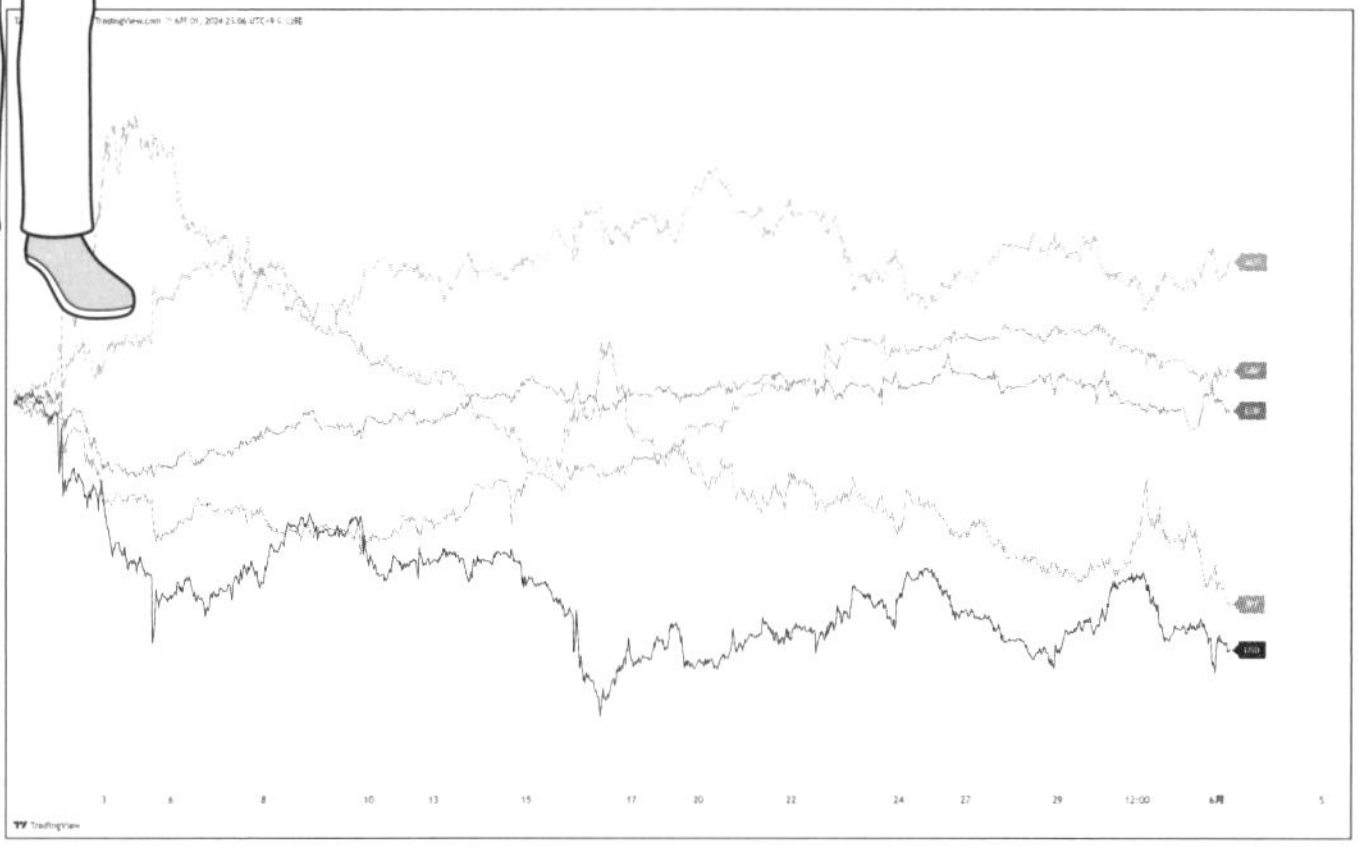

(1か月分)

しているなら売り方向から買いに転じたと捉えることができるわけです。たとえば日本円が長期間にわたって円安で推移していたときは、どの期間の強弱チャートを見ても一貫してマイナス圏で推移していて、このタイミングで日本円のロングポジションを持つのは慎重になるべきという戦略につながります。

基本的には、もっとも強い（買われている）通貨と弱い（売られている）通貨を組み合わせた通貨ペアで取引するのがポイントです。また、通貨の値動きを1日単位で見ると、説明がつかない値動きになっていることもありますが、週単位や月単位にするとトレンドを確認しやすく、強弱チャートを使い大きな流れを把握することで、どの通貨ペアをロング・ショートのどちらの方向から取引に入ればよいか見当をつけやすくなります。一方、強い同士・弱い同士の通貨ペアは値動きが鈍く、その時点での取引には適さないと判断すべきでしょう。

強弱チャートが便利なのは、通貨単体の強さ・弱さが視覚的にわかることです。通貨ペアで見るだけだと、米ドル／円が上昇していればドルが強い（買われている）とわかる一方で、ポンド／円は下落していると日本円が強い（買われている）となり、「結局、日本円は強いのか？　弱いのか？」とトレーダーは混乱します。なぜ、こういった動きが起きるかというと、米ドルを介さない通貨ペア「クロス通貨（合成通貨）」の場合、ポンドを取引するには口座内の日本円で米ドルを買い、この米ドルを売ってポンドを買うという2つの取引が発生しているからです。

このように、米ドルを介する通貨ペア「ドルストレート」と「クロス通貨」の動きを比べると通貨の強弱が真逆になっていることがあり、そうであればポンド／ドルをチェックして米ドルとポンドのどちらが強いのかも確かめる必要があります。チャートを見れば一目瞭然ですが複数を見比べるのは手間がかかり、それよりはパワーバランスをひとつのチャートでチェックできるドルインデックスや強弱チャートのほうが便利です。

なお、強弱チャートはTradingView以外にもあり、インターネットで「通貨ペア強弱」で検索すると他のサービスを見つけることができ、ＦＸ事業者やＦＸ情報サイト、チャートツールなどで閲覧することも可能です。

慣れていないときのおすすめ通貨ペア

このように、時間帯やそこで取引されやすい通貨、ドルインデックスや強弱チャートなどを参考にすると、取引すべき通貨は絞り込みやすくなります。ただし、ＦＸのビギナーが数ある通貨のなかからペアを選ぶのは大変な作業であることも事実です。そうであれば、ニュースなどで頻繁に情報が流れる米ドル／円から始めるのは、ひとつの手です。情報が多く昨今は中長期的に円安トレンドであり、日米の契機や金融政策が大きく変わらない限り継続する可能性があり、値動きに関する予測が立てやすいと言えるでしょう。ある意味、無難な通貨ペアです。

いずれにしても日本人にとって円は馴染みやすく、まずは米ドル／円やユーロ／円、豪ドル／円など対円通貨で取り掛かり、慣れるに従い、ユーロ／ドルやポンド／ドル、豪ドル／ドルといった、米ドルを軸にトレードするのがよいでしょう。先ほど述べたように、米ドルは世界の基軸通貨であり、その流通量は世界最大です。為替市場でも中心的な存在ですから、米ドルが動く＝主要通貨を中心に相場が活気づきます。ドルの強弱と対照的な通貨を組み合せる戦略で臨めば、値動きの波を捉えやすくなると思います。こういったプロセスを繰り返すと、自分にとって得意な通貨ペアも見つかるはずです。

為替市場と取引時間の関係とは

通貨の強弱の次に考えてほしいのは、取引する時間帯です。外国為替市場は平日24時間動いておりますが、大まかに東京市場、ロンドン市場、ニューヨーク市場の3つにわかれます。そのなかで私がウォッチし取引するのは日本時間で夕方以降となる欧州時間からです。東京時間は全体的に値動きに乏しいのでトレードはしないのですが、東京時間の高値と安値には注目しています。というのも、ロンドン市場に入るとこの高値・安値の水準を上下に抜けることが多々あり、これを見越したシナリオで戦略を立てられるからです。

　たとえば、図2－3のチャートは米ドル／円の1時間足チャートですが、東京時間でつけた高値・安値を、ロンドン市場に入ってから上下に抜けていることがわかります。よってこの場合、東京市場では取引を控え高値・安値が形成されるのを待ち、ロンドン市場に移行してから取引に入るほうが稼

図2-3　日本時間と欧米時間の高値・安値の関係

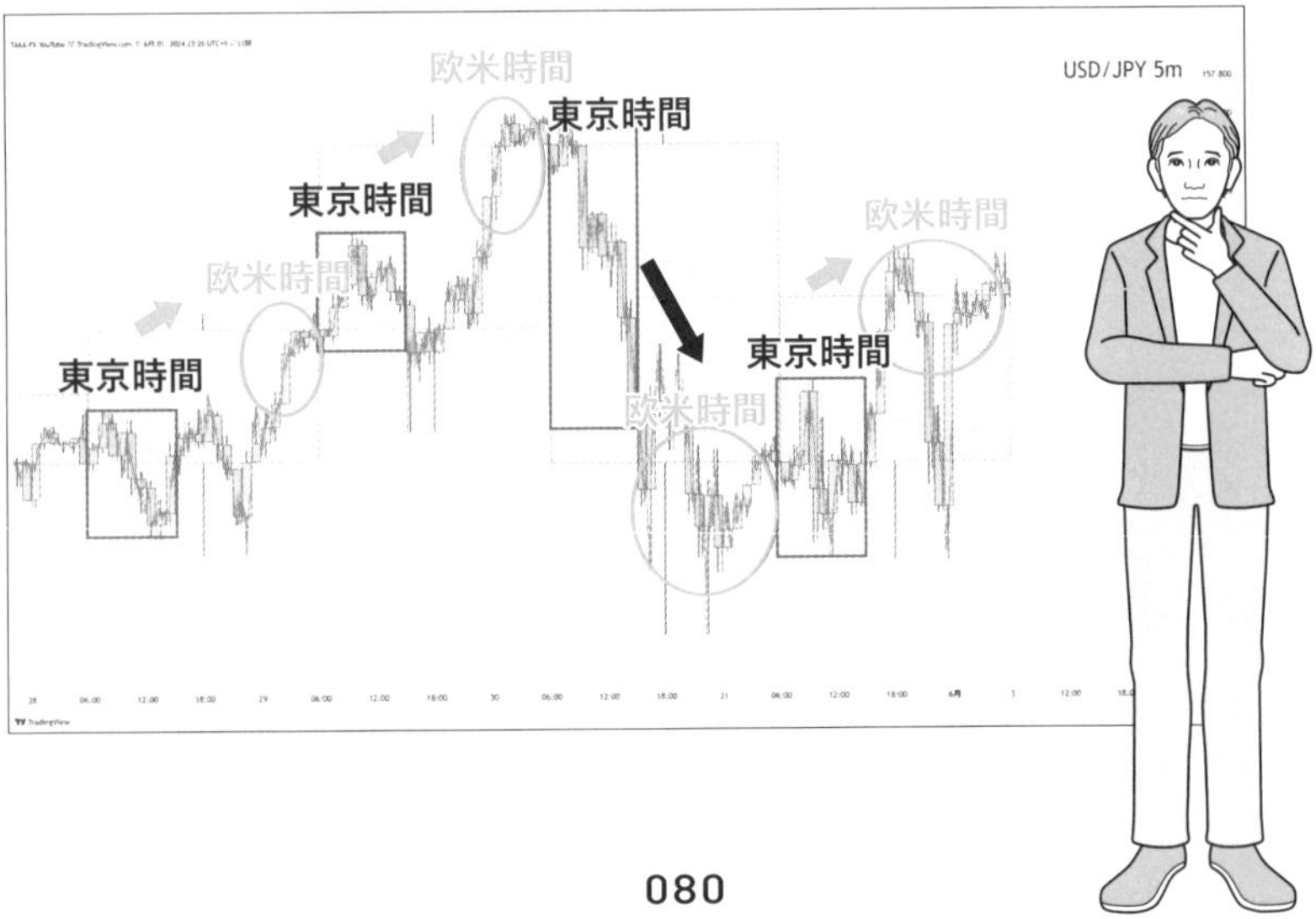

ぎやすいと言えます。

つねにそうなるとは限りませんが、なぜこのような展開が起きやすいのか。それは、市場参加者のボリュームが関係しています。

そもそも、東京市場が開いている朝6時から午後3時の時間帯は、膨大な資金を運用する外国人の機関投資家にとっては夜中の時間帯です。この間は休んでおり、ロンドン市場が開いてから参加するため、東京市場に比べて値動きは活発になります。さらに、ロンドン市場とニューヨーク市場が重なる夜9時から深夜1時頃は1日のなかでもっとも取引量が増え、世界経済に影響を与える欧米の重要経済指標の発表も相次ぐことから、取引量はピークに達し、上昇・下落の方向感も出やすくなります。

為替差益を狙うFXではもっとも取引しやすいのはこの時間帯であり、私を含め東京市場はスルーし、欧州市場の夕方から夜にかけてトレードをする人は少なくありません。日中に仕事のあるビジネスパーソンも、帰宅中や帰宅後にじっくり取引できます。

平日24時間市場が動いているのはFXのメリットのひとつですが、勤務の休憩中にスマートフォンで値動きをチェックしたり、すき間時間にトレードをするのも健全とはいえません。

だらだらとトレードすることにもなりかねず、それよりも活発に値が動く時間帯に腰を据えて取り組むほうがストレスにもならないでしょう。

チャートとローソク足の基本を覚える

トレンド相場とレンジ相場

ＦＸでコンスタントに稼ぐには、相場の環境を正確に把握することが肝心です。現状は上昇・下落のどちらに向かっているのか、あるいは膠着しているのかがわからないと今後の見通しが立たず、シナリオが作れません。相場環境の把握は私にとって、トレードを成功させるためのベースといえます。

通貨の強弱を確かめることも、相場環境の要素のひとつです。これに次いで確かめておくべきことが、いまの相場が「トレンド相場」なのか「レンジ相場」なのかを把握することです。

トレンド相場とは、高値もしくは安値を継続的に切り上げている（切り下げている）相場のことで、チャートでも上昇・下落を確認することができます。値動きの方向性が明確ですから、その流れに乗ると利益が取りやすく、私も絶好のチャンスととらえています。なぜこういった相場が形成されるかというと、投資家による売り買いの攻防が終わり、利食い（利益確定）や損切り（損失の確定）といった注文が出やすく、保有ポジションが解消されることで一方的な値動きになりやすいからです。

一方、レンジ相場は一定の変動幅のなかで価格が上昇・下落を繰り返している相場のことです。チャート上でもローソク足は上下ジグザグに動いており、その形から「ボックス相場」とも呼ばれます。トレンド相場と大きく異なるのは投資家同士の攻防の真っ最中という点で、高値圏では反落を見越した売り注文が、安値圏では上昇を見越した買い注文が入りやすく、トレーダーのポジションが積み上がりやすい場面でもあります。

このように、相場環境は大きくトレンドとレンジの2つにわかれ、前者は直近の高値・安値を抜けた(ブレイク)ことを機に価格は大きく動きやすく、後者は売買が拮抗するので派手に値は動かないのも特徴です。ポイントは、いまはどちらの相場なのか把握し、それぞれの相場に合った戦略・シナリオでトレードに臨むことです。

詳しい事例は後の章で解説しますが、レンジ相場では一般的に相場の反発で利益を狙う「逆張り」、トレンド相場では上昇・下落の流れに沿って利益を狙う「順張り」が有効とされています。私自身は、ときにはレンジの高値でもロングはしますし、安値でもショートをします。大事なのはレンジの高値でロングをする理由が明確になっていること、シナリオをしっかり描けていることです。

いずれにしても重要なのは、相場環境を正しく把握し、その環境に適したシナリオ

図2-4　レンジ相場とトレンド相場

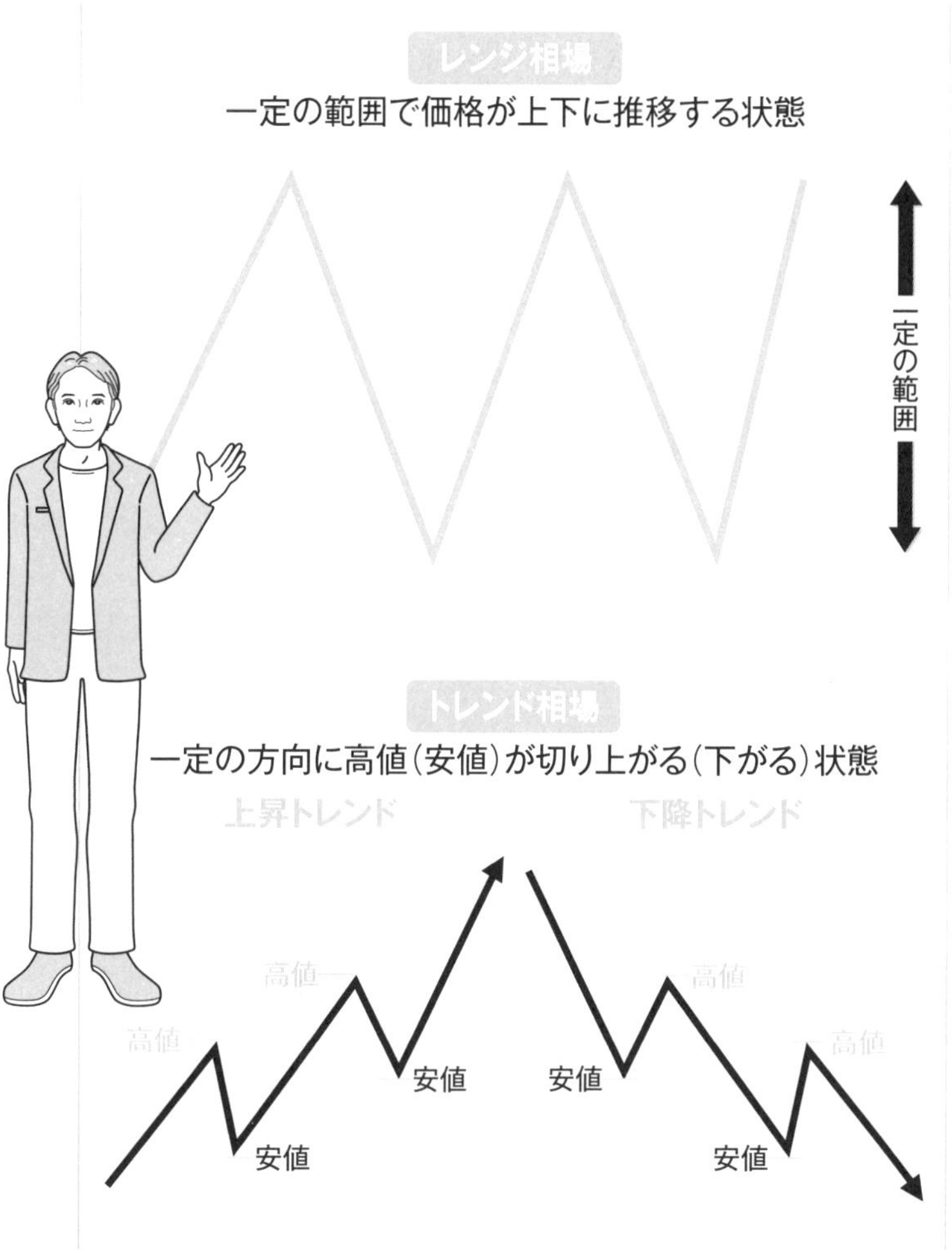

を作りトレードをすることです。結果、損小利大の取引も実現しやすくなります。

ローソク足をどう取引に活かすか

ＦＸに限らず投資の経験者であれば、チャートを形成する「ローソク足」はお馴染みの存在です。基礎中の基礎ですが、ローソク足とは、１日や１時間など、一定期間における為替の値動き（始値・終値・安値・高値）を、１本のローソクの形で表したものです。

ひとつのローソク足の中に４つの価格情報があり、始値より終値が高い「陽線」、そ

図2-5　ローソク足の図解

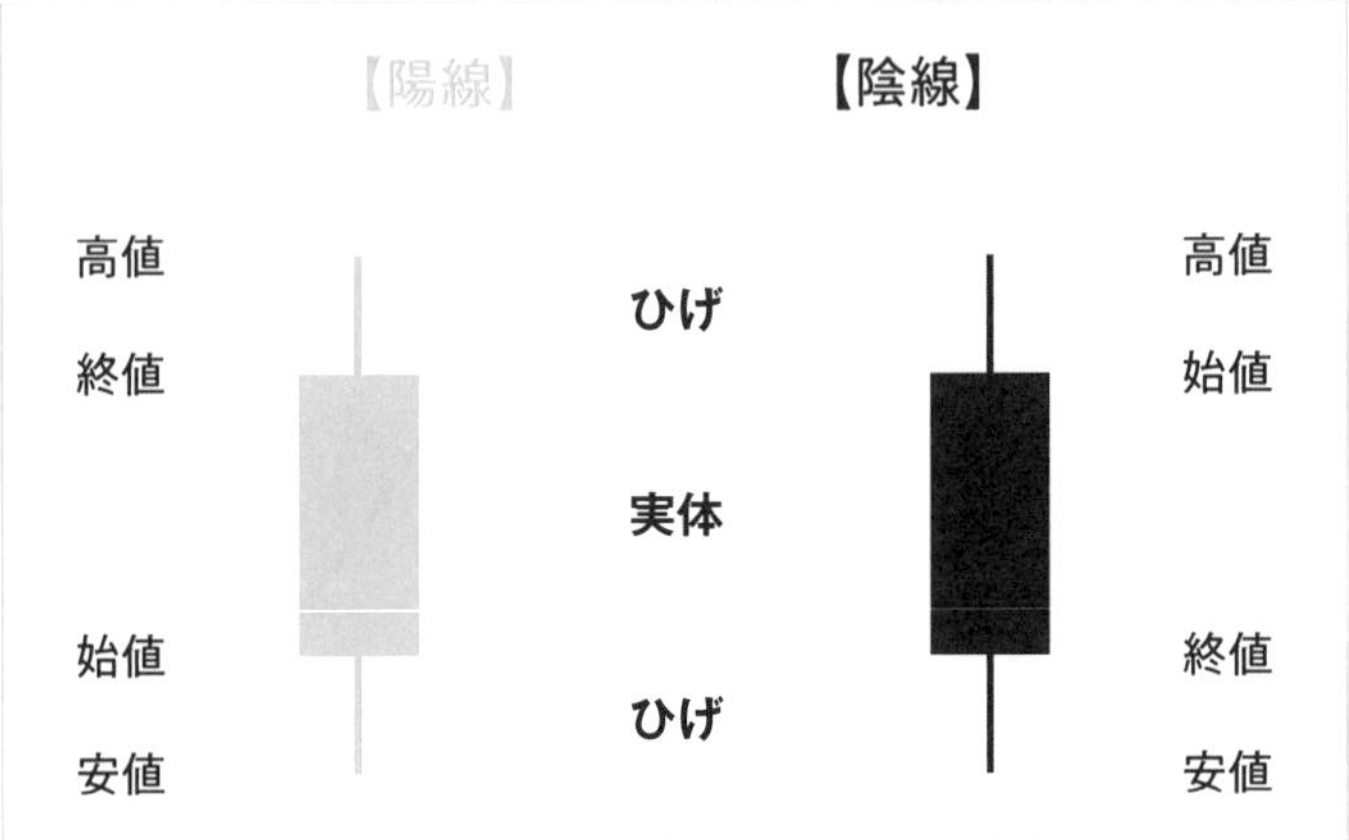

の反対の「陰線」、さらには始値・終値で形成する実体の長さ、そこから上下に伸びる高値・安値といった「ひげ」の長さから、一定時間の間にどういった値動きを展開したのかがわかります。複数のローソク足を並べて表示することで過去の相場の流れがひと目でわかり、かつ今後の予測にも役立ちます。シナリオ作りに必須のツールです。

ここも詳しくは後の章に譲りますが、どの時間軸のローソク足を重視して取引するかは、トレーダーによって異なります。一般的に中長期など長い時間をかけて取引するほど日足や月足といった時間軸の長いローソク足、デイトレードや瞬間的な値幅を狙うスキャルピングをするなら1時間足や5分足、1分足といった短い時間軸のローソク足を参考にします。

複数の時間軸のチャートを確認する

デイトレードが主戦場の私の場合、最初にチェックするのは日足です。日足は1本のローソク足が1日の値動きを示すものですが、これを見ることでその日の市場は上げ相場だったのか下げ相場だったのか、リアルタイムは高値圏・安値圏、あるいはその過程にあるのかなどわかりますし、複数の日足が並んだ日足チャートを眺めれば、長期的なトレンドを把握することができます。

次に確認し、実際に取引する場面でも活用するのは1時間足と5分足です。デイトレードやスキャルピングといった短期のトレーダーは短い時間軸のローソク足のみチェックして取引しがちで、ロングポジションを持った途端に価格が下がって損切りするというケースが珍しくありません。

私はこういった事態を避けるため日足をはじめとする長い時間軸のローソク足で相場状況を俯瞰・把握するとともに、1時間足と5分足でリアルタイムの値動きを観察します。たとえば、日足チャートは下落トレンドで、かつ1時間足も下落に向かっていたら「ショート目線」のシナリオを立て、5分足チャートを使い売買タイミングを見極めます。また、日足が下落トレンドなのに1時間足は上昇していたら「一時的な上昇」と考えられるので、様子見をするかもしれません。

1時間足と5分足の関係も同様です。たとえば、5分足で見ると大きく下落していたとしても、1時間足チャートは価格が上昇していて、短期足の下落は上昇の流れの中にある押し目のポイントに過ぎなかったということもあります。一見すると不可解な相場展開に思えますが、さらに視野を広げて日足チャートをチェックすると、リアルタイムの価格はレンジ相場のど真ん中。

こうした局面では上昇・下落のどちらに動くか方向性がわかりにくく、ちょっとした売り買いのバランスで短期的な値動きになりやすいのが特徴です。よって、事前に日足をチェックしていれば、レンジ相場かつ上昇・下落のどちらに向かうか判断が難しい相場であることがわかり、「静観する」といった結論に至ることができるのです。

相場環境を正しく把握しトレードに活かすには特定の時間軸のローソク足にこだわるのではなく、日足、1時間足、5分足というように、異なる時間軸のローソク足を見ることが重要です。それにより、目先の値動きに翻弄されることもありません。

「重ね足」でさらに精度を高める

異なる時間軸のローソク足をチェックすることが相場環境の把握に必須と述べましたが、異なるチャートをその都度切り替えるのは手間がかかります。そこで私が取り入れているのは**「日足に1時間足」や「1時間足に5分足」を重ねるなど、上位のローソク足のなかに下位のローソク足を重ね同時に見る「重ね足」のチャートです。**

たとえば、1時間足に5分足を重ねた場合、1本の1時間足のなかに12本の5分足が表示されます。このようにすることで、1時間の間にどういった値動きがあったのか、最終的にどのような経緯を経て陽線（陰線）になったのかという具体的な流れが可視化でき、1時間の為替の動きをより精緻につかむことができます。

大きな流れと小さな値動きを同時に見られるようになるので、相場環境を把握するのに非常に便利ですし、どの価格で売買や損切りをすべきかシナリオづくりにも役立ちます。

ローソク足の終値とティックチャートに注目する

ローソク足では「終値」にも注意を払います。それは、結果を判断する目安になるからです。

たとえば5分足チャートに1時間足を重ねて見ながら取引をしていて、5分足では価格がレンジ相場の高値・安値圏で推移しているとします。5分足はブレイクするかしないかの値動きを展開していたら、トレーダーからすればレンジ内に戻すのかブレイクするのかが注目ポイントですが、1時間が経って1時間足チャートのローソク足が完成した時点で、安値も高値もブレイクしていなかったら、「結局は抜けなかった」

と判断を下すことができます。

ブレイクを待ってトレードに入ろうとしていたのなら諦めがつきますし、安値圏の反発を狙っていたのなら、抜けなかったのでまだ反発する可能性があるという判断のもと、引き続き相場を観察することになります。こういった判断のポイントとして終値は機能し、多くの投資家も意識しているので、皆さんも必ずチェックしていただきたいと思います。

株式の世界では期間中に成立した売買数を示す「出来高」があり、上昇・下落のきっかけをつかむ指標として重宝されています。しかし為替の世界に売買総量を可視化する出来高はありませんし、カウントする方法もありません。

ただし、チャートのなかにはローソク足のように時間の変動と異なり、価格の変動をビジュアル化した「ティックチャート」があります。このチャートの場合、価格が変わるたびにチャートは更新されるので頻繁に変動していれば売買が頻繁に行われている、つまり市場参加者が多いと判断でき、活発な値動きに乗りやすくなります。反対にティックチャートの動きが鈍いということは市場参加者が少ないことを意味し、為替差益を狙うのには向いていません。

チャートの基本はローソク足ですが、ティックチャートも時折チェックすると値動きを捕まえやすくなります。私自身も、レンジ相場で緩慢な値動きだったのが、ティックチャートの動きがスピードアップしたら「値動きが出始めた」と判断し、チャンスをうかがうようにしています。

ダウ理論の基本をおさえる

ダウ理論とは

通貨の強弱を確かめたうえで取引する通貨ペアを絞りこみ、チャートを参考に相場環境を把握して上げ目線か下げ目線かを決め、エントリーとイグジット・ロスカットポイントを見定める。さらにチャートの横軸である時間の要素も加味してようやく損小利大が実現できます。

これらのプロセスで大切なのは、買いなのか売りなのか「目線」を固めることです。ここがハッキリしていないとシナリオ作りに進むことができません。目線を決めることで戦略が際立ち、的確なトレードが実現するのです。

では、どうやって目線を固めるかですが、私が重視しているのが「ダウ理論」です。市場の動向や経済の変化を分析するための、テクニカル分析の基盤となる考え方として株式や為替など、投資の世界で広く受け入れられています。

ダウ理論は6つの基本法則で構成されており、それをまとめると次のようになります。

①平均株価はすべての事象を織り込む

経済指標、政治情勢、心理的な要因など、すべての事象はチャート上の値動きとして反映されるという考え方です。需給に影響を与えるファンダメンタルズは言うまでもなく、地震や自然災害といった予測不可能なことも市場価格に影響を与え、これを受けて形成される需給バランスによって相場の値動きは日々変動します。

つまり「事象は価格になって表れる」ということですので、価格の値動きを表すチャート分析、テクニカル分析が有効であるということです。

②トレンドは3種類ある

ダウ理論では連続する高値・安値がそれより前の高値・安値を切り上げる「上昇トレンド」と、連続する高値・安値をそれより前の高値・安値が切り下げる「下降トレンド」と、上昇・下落トレンドについて明確に定義。そのトレンドの推移を、次の3種類に分類しました。

長期トレンド：1年～数年間継続する
中期トレンド：3週間～3か月間継続する
短期トレンド：3週間未満継続する

③トレンドは3段階からなる

また、トレンドには次の3段階があるとも述べています。

第1段階「先行期」：先行型の投資家による底値での買い・天井での売り。トレンド転換の兆候が現れる段階
第2段階「追随期」：先行期に多くの投資家が追随し、急激な価格変動が起きる段階
第3段階「利食期」：一般投資家が参入すると同時に、先行型の投資家が利益を確定。トレンドの最終段階

私はこれら一連の動きを包括してトレンドと判断し、この3段階の動きが生まれない場合はトレンドではないと判断しています。

④平均は相互に確認される

ダウ理論はもともと、工業株価平均と鉄道株価平均で構成されており、これらが同じ方向を示すことで、本格的な上昇・下落トレンドだと判断できるという考え方です。現在は複数の市場・銘柄で相関性を確認する必要性を説いており、どちらかというと株式市場に当てはまる理論です。

⑤トレンドは出来高でも確認できる

出来高とは、一定期間中に成立した売買の数量のこと。上昇トレンドであれば、出来高は価格の上昇に伴い増え、調整局面にシフトすると減少します。要するに市場参加者が多いほどトレンドが明確になり、出来高が多いと値動きも活発になるということです。よって、価格が上昇していても出来高が伴わない場合は、トレンド転換の可能性があります。

この理論もどちらかというと株式が対象になっていて、出来高が確認できない為替市場ではティックチャートの変化、あるいはプライスボードの点滅で注文量を捉えることができます。

⑥トレンドは明確な転換シグナルが出るまで継続する

明確なトレンド転換シグナルが出るまでは、現在のトレンドが継続するという考えです。つまり、高値・安値を更新し続ける限りは順張りが有効で、更新が止まれば調整を疑い、安値を割り込めばトレンド転換を意識します。私はこの考え方を非常に重視しています。

ダウ理論を目線の固定に役立てる

ダウ理論を理解し、活用する最大のメリットは、トレードの目線を固定できることです。いまの局面は買いなのか売りなのか判断がつかないと取引に入ることができず、入ったとしてもうまくいく可能性は低いと言わざるを得ません。対してダウ理論をもとに目線が決まれば、「上昇トレンドなので買い目線」というように、スムーズかつ自信をもって戦略を立てられます。

たとえば理論⑥にあるように、高値・安値を更新し続ける限りトレンドは継続するなら、その間は目線を変える必要がありません。反対に更新が止まったら上昇・下落トレンドがレンジ相場にシフトするなど転換のサインになるので、ポジションを持っているなら決済するなど判断の目安になります。

あるいは、買い目線でトレードをしている間に相場が下落に転じたとします。ダウ理論を知らないと慌てて決済するかもしれませんが、ダウ理論に基づけば直近の安値を割り込まない限りトレンドが転換したとはみなしません。目線も変える必要がなく、ポジションを持ち続けるという判断につながるでしょう。こういったケースでもっともまずいのは、下落トレンドに変わったと勘違いしてショートに目線を変え取引に入り直すことです。

目先の動きに翻弄されないためにも、ダウ理論は覚えておきたい法則であり、多くの投資家が参考にしていることで理論通りの値動きも形成されやすくなります。市場にはたくさんの思惑が入り乱れている反面、支持されている理論通りの行動をする投資家も多く、ダウ理論はそのひとつ。多数派の動きを知ることで値動きをつかみやすくなるので、ぜひ覚えておいて欲しいと思います。

何よりダウ理論で注目すべき点は、直近の高値・安値です。これをもとにトレンドを把握し目線を固め、狙いを定めた価格になればトレードを行い、そうでなければスルーするだけ。とてもシンプルに相場と向き合えます。リアルタイムのチャートを見ながら直近の高値・安値を確かめられるので、トレンドの判断をつけやすいと言えます。

ただ、ダウ理論は優れた理論ではありますが万能ではありません。結局は目線をある程度固定させるための考え方であり、目線の固定に繋がるのであれば他の考え方でも問題はないと考えます。

では、本章で述べた相場環境の把握、ダウ理論を活用しどのようにシナリオを立て、損小利大のトレードを実現していくのか。次章以降に具体例を交えながら解説していきます。

TAKAさんへの7つの質問 PART01

Q1 （チャートがレンジの真ん中の場合）エントリーまで引きつける時に我慢するために気を紛らわせる方法はありますか？

やることが無くても、短期足を見ながら頭の中で仮想エントリーはしていたりします。

そこで本文でも述べたように短期トレードで売りが入りそうなのに入らないなぁみたいな動きが見えてくるとたとえレンジの中央であってもチャンスがあるかも？　と集中して見たりします。いわゆる需給というのは完成されたチャートを見るよりも、リアルタイムの値動きを追っているほうがわかりやすいのかな？　と思うことはありますね。

Q2 いつも終値付近から動画を収録されていますが、いつ寝てますか？　また、トレードされる時間帯は？

YouTube を始める前は午前 4 時頃に寝て昼前に起きていました。

狙っていたわけではないのですが、私の動画は朝の出勤中に見ていますという声をたくさん頂いたので今はその時間は動画の収録をしています。結果、寝るのは少しずれて 8 時～ 10 時頃、起きるのも少しずれて 15 時頃になることが多いです。東京時間の値動きを見て夜のシナリオを立てるので、その時間に合わせて起きています。

Q3 動画を収録されている時にセリフを噛んだら録り直しているのでしょうか？　台本はありますか？

私の動画は鮮度が命のところがあるかと思いますので（笑）、なるべく早く出すために台本などは用意していません。チャートを確認して思うことを考えながら動画を撮っています。噛んだらそこだけ編集でカットしたりしていますが、軽く確認してすぐにアップしていますので見落としていることも多いです。動画を見ているとカットし忘れて言い直したりしていることもあるかと思いますが、あたたかい目で見ていただければと思います（笑）。

四六判・B6判並製

たった500語で、人とお金が集まってくる仕事の語彙力
相手をその気にさせる言葉の選び方、伝え方が満載！
ことば探究舎【編】 1595円

一年に一度しか会えない 日本の「来訪神」図鑑
多彩で個性的な日本の来訪神を、ゆるいイラストと文章で紹介
フランそあ根子【著】 中牧弘允【監修】 1848円

いまを抜け出す「すごい問いかけ」
自分への問いかけで、明日が変わる！ 想像以上の自分をつくる！
林健太郎 1760円

「願い」はあなたのお部屋が叶えてくれる☆
あなたの家のお部屋から運を大きく底上げします！
佳川奈未 1848円

図説 ここが知りたかった！ 神道
暮らしに息づく「神道」の知られざる起源と、その教えのすべてがわかる一冊
武光誠 1980円

〝思いやり〟をそっと言葉にする本
感じの良い人の言葉は、誰の心にもきちんと届く
次世代コミュ力研究会【編】 1540円

図説 ここが知りたかった！ 法然と極楽浄土
末法の世を照らす阿弥陀仏の救いの教えとは
林田康順【監修】 1925円

あなたに合う「食養生」が見つかる本
東洋医学と西洋占星術をかけ合わせた「アストロ望診」とは
鈴木ゆかり【著】 佐野正行【監修】 1650円

1日5分のアンチエイジング 洗顔革命
しわ、たるみ、ほうれい線は毛穴の「脂」が原因だった!?
北野和恵 1540円

図書館にまいこんだ こどもの【超】大質問
かわいい難問・奇問の先に意外な本との出会いが待っていた！
こどもの大質問編集部【編】 1595円

「うちの子、コミュ障かも？」と感じたら読む本
12歳までに育てたい「コミュニケーション脳」を家庭で伸ばす一冊
田嶋英子 1650円

中学英語でもっと読みたくなる洋書の世界
『朝日ウイークリー』連載10年目の好評シリーズ書籍化第2弾！
林剛司 1540円

たるみ改善！「肌弾力」を手に入れる本
40代から差がつく！ 美容成分「エラスチン」を守る生活習慣を紹介
中澤日香里【著】 中島由美【監修】 1650円

中学受験なしで難関大に合格する「新しい学力」の育て方
子どもの地頭を良くする親の習慣や考え方を余すところなく披露
ヒロユキ先生 1650円

ずるいくらいいいことが起こる「悪口ノート」の魔法
悪口の奥には幸せの扉がある。そんな魔法のメソッドを大公開
石川清美 1870円

図説 ここが知りたかった！ 日本の仏教とお経
ふんだんな写真と図版で、宗派の成り立ちとお経の中身がスッキリわかる
廣澤隆之【監修】 2189円

表示は税込価格

3

TAKA's Original FX Secrets

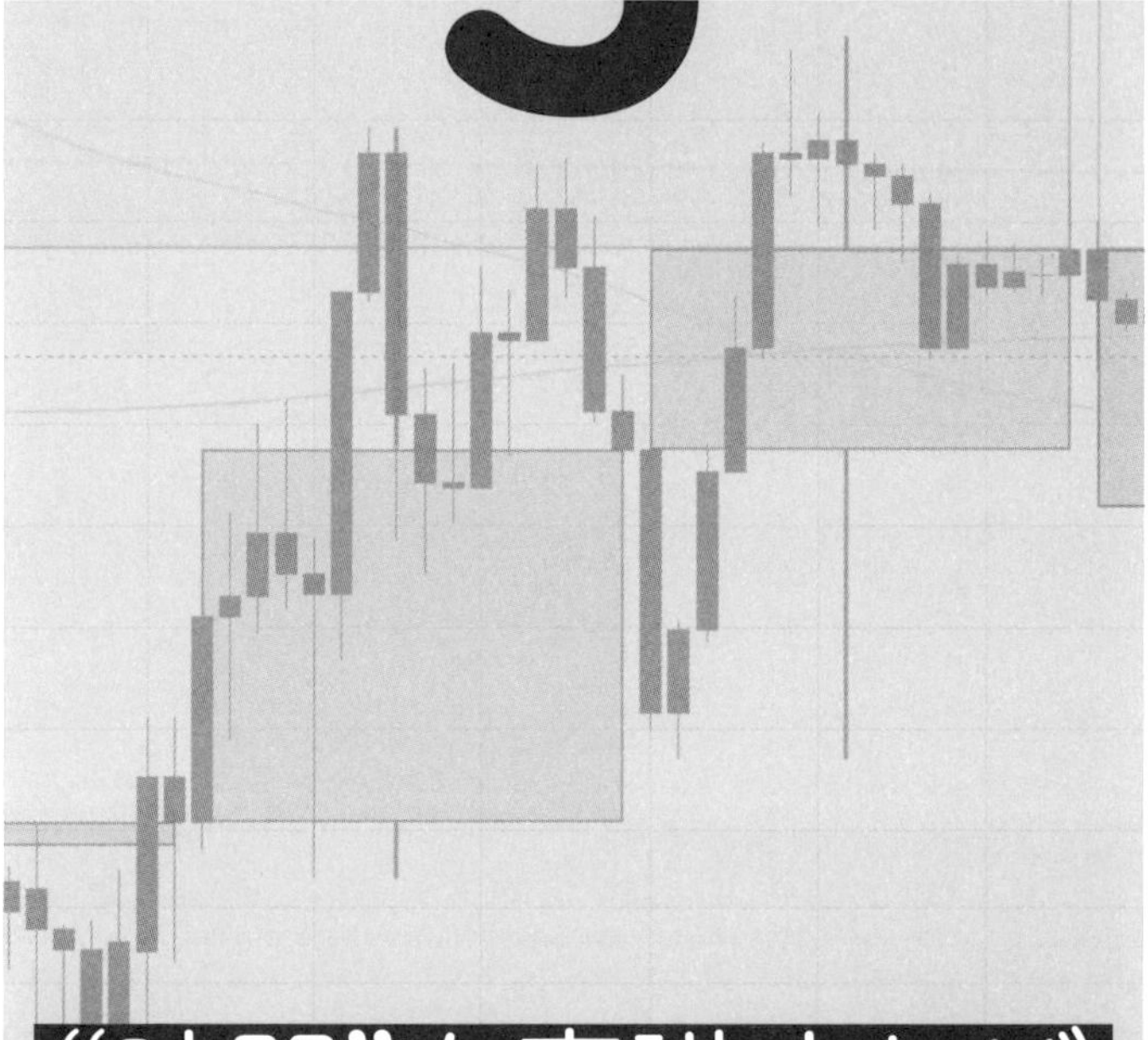

“時間”を意識すれば チャンスが見えてくる

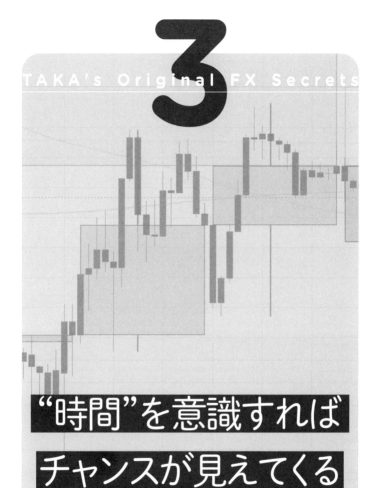

相場が大きく動くタイミングを見つけ出す

ポジションは時間で積み上がる

前提として意識しておいてほしいのは、ポジションは時間経過で積み上がっていくということです。とくにトレンド相場やレンジ相場の、一定のリズムが長く続く状況のときは注意が必要です。

上昇にしても下降にしても、そのトレンドの中ではポジションを持って、利益確定のタイミングを計っているトレーダーがいます。レンジ相場でも、その一定の値動きの中で、ポジションを持ったはいいけれど、手放すタイミングを逃してダラダラと持ち続けている人がいます。

つまり一定のリズムで続いている相場では、ポジションが積み上がりやすいんですね。

この「ポジションが積み上がっている状況」は、リズムが崩れると利食いやロスカット、押し目買いや戻り売りなど様々なトレーダーの思惑が入り乱れて、価格が大きく動く可能性を秘めています。つまりポジションを持ち続けるということは、リスクを抱え続けるということでもあります。時間の経過は、リスクの積み上げでもあることを理解してください。

相場のリズムが崩れるタイミングとは

ではどんなときにリズムが崩れるのか。

崩れるのは参加者が共通意識として見ている高値や安値を抜けてきたとき。

その後、それがトレンドとなって伸びるにしても、ダマシとなって戻るにしても参加者にとって何かしら意味を持つ動きになり、相場が大きく動くひとつのきっかけになり得る、リズムの変化につながります。

つまり「大きく値動きするタイミング」とは、ポジションが積み上がっている状態から、リズムが崩れてロスカットが多く発生するときです。このタイミングを事前に察知することができれば、大きく値が動く、つまり利益が大きくなる「利大」を狙うことができるわけです。

しかも、値が動く直前でエントリーすることで、ポジションを持ち続けるというリスクを避けることもできます。

もちろん値動きがこの先どうなるかは誰にもわかりません。ただ、「ポジションが積み上がっている状態」で「リズムが崩れて多くのロスカットが発生するタイミング」は、チャートから見つけることができます。上がるか下がるかはともかく、「リズムが崩れたから値が大きく動きそうだ」ということは予測できるわけです。

市場のトレーダーを4種類にわける

ブル派とベア派

ポジションが積み上がった状態でリズムが崩れると、なぜ価格が大きく動くのかを理解するために、市場にいるトレーダーについて考えてみましょう。**市場にはブル派（ロング勢）とベア派（ショート勢）がいますが、私はこの2種類だけでは相場を理解するのは不十分**だと思っています。

ブル派の中でも、ロングでポジションを持っているトレーダーは、利益確定もしくはロスカットのときには売らなくてはいけません。逆も同じで、ベア派の中でショートでポジションを持っているトレーダーは、いつかは買わなければいけないわけです。

ベア派の中には将来ブル派になる人たちがいて、ブル派の中には将来ベア派になる人

たちがいるということです。

　つまり相場には図3－1のような4種類のトレーダーがいると考えられるのです。そして、レンジをブレイクすると彼らの行動によって、値動きが勢いづくのです。具体的に説明します。

　一般的にはブル派（買いたい人）とベア派（売りたい人）にわかれますが、さらに深掘りすると、同じブル派でも「買いたいと思っていて、まだ買っていない」人と、「買いたいと考えていて、すでに買っている」人がいます。共通しているのは「この先、値が上がる」と考えていることです。ベア派も同じく「売りたいと考えていて、まだ売っ

図3-1　ブル派とベア派は4種類に分けられる

ブル派（買いたい人たち）	ベア派（売りたい人たち）
買いたいと考えているが まだ買っていないブル派	売りたいと考えているが まだ売っていないベア派
買いたいと考えていて すでに買っているブル派	売りたいと考えていて すでに売っているベア派

ていない」人と、「売りたいと考えていて、すでに売っている」人がいます。こちらは「値が下がる」と考えている人たちです。

まだポジションを持っていないブル派・ベア派は、相場の展開に応じてポジションを持つので、片方の力が強ければ値動きは加速し、両者の力が拮抗すると相場は停滞します。ある意味、相場のセオリー通りの動きを形成させる勢力と言えるでしょう。

時間が経つと、ブル派とベア派が反転する

考えないといけないのは、すでにポジションを持っているブル派・ベア派です。彼らは「買いたい」「売りたい」という考えを持っていますが、利益確定もしくは損切りをするためには、ロングなら売却、ショートなら買い戻しというように、保有ポジションと反対の注文を出す必要があります。**つまり、すでに買っているブル派は将来のショート勢（ベア派）であり、売っているベア派は将来のロング勢（ブル派）ということを意味します。**

こういった4種類のトレーダーが相場にいるとして、レンジ相場では高値・安値を抜けたところにロスカットを置く、レンジ内ギリギリで利食いを置くことが多いのでブル派とベア派の攻防となって価格は停滞しますし、レンジ相場の時間が長ければ長いほど、ポジションはどんどん積みあがっていくというわけです。

ところが、レンジを抜けると隠れたブル派とベア派のロスカット注文が出るので、ポジションの解消が一気に進みます。これに伴い新たなトレンドが形成されるので、「買いたい」もしくは「売りたい」と考えていたブル派とベア派が新規参入しやすく、さらに値動きを加速させます。そう考えると、**本来であれば自身のポジションはトレンド相場に乗せるべきであり、レンジ内に置くと売り買いの攻防に巻き込まれ価格が動かないばかりか、ブレイクした際の養分にされる恐れがある**のです。

レンジ内でポジションを持つ場合は、単に高値・安値圏にきたから取引に入るのではなく、そこからの反転を確かめてから行動に移さないといけません。先述しましたが、**レンジの一員になった挙句、価格が動かないなら一旦退いた方が賢明**でしょう。

それは、**ポジションを持つ時間をなるべく短くしたほうが、リスクを低減できる**からです。ＦＸではポジションを持っている間は価格変動のリスクにさらされます。よって、エントリー直後にシナリオ通りに価格が動いたら利益を確定し、反対に動いたらすぐさま損切りするのが理想的なトレードです。

ところが現実はそうもいかず、ポジションを持ったものの相場の方向感は乏しく、なかなか決着がつかないこともあります。まさにこの状況がレンジのど真ん中であり、価格の上下に翻弄もされやすくなります。だからこそ、私はシナリオは60分で決着させることにしているわけです。

レンジ内で取引する場合は、比較的価格が動きやすくブレイクも期待できる高値・安値に限定し、上下のどちらに動くかわからない中間地点では取引に入らず、かつポジションを持った後に中間地点で停滞したら、利食い・損切りは関係なく撤退を検討すべきです。

多数派トレーダーの思惑が裏切られたときが稼ぐチャンス

ＦＸで大きく稼ぐチャンスとは、相場が大きく動くときです。それは具体的に、レンジ相場の高値・安値で拮抗していた売り買いのバランスが崩れ反転するときであったり、高値・安値をブレイクし新たなトレンドが生まれたタイミングを指します。では、なぜ価格がダイナミックに動くかというと、多くの投資家の予測が裏切られた、期待が裏切られたときだからと私は考えています。

普段の生活でもそうですが、人は思わぬことに遭遇するとパニック状態に陥り、脊髄反射的な行動を起こしがちです。それはＦＸも同様で、レンジをブレイクすれば慌ててロスカットするトレーダーが殺到することで、価格の上昇・下落の圧力になりますし、力強いトレンドが生まれると、ここぞとばかり勝ち馬に乗ろうとして大急ぎで取引に入ります。私はそういった他のトレーダーの動きに注目しており、多くのトレーダーが「こんなはずではなかった」となったときが、絶好のエントリーポイントだと考えています。つまり「こんな動きをするなんて嘘でしょう?」というような声がたくさん出てくる状況です。

多くの投資家が同じイメージのもと取引している相場があります。たとえば上値が重く全然レジスタンスラインを超えないので、大勢がそこを基準として取引しているような状況ですね。これは危うさの前兆であり、そこから期待通りの動きにならなかったとき、慌ててロスカットする人が大勢出てくるでしょう。この需給の変化を予測して、シナリオを作るわけです。その兆候を「チャートの違和感」から予測して、反対に動く準備をしておくということです。

これは株の世界も同じで、米半導体大手のエヌビディアの株価は今年2月以降に高騰しました。多くの投資家は「ここまで上がると暴落する」「調整があるのでは?」という不安感があったわけですが、結果的に決算は好調で、さらなる上昇が起きました。これも期待が裏切られたからに違いありません。

市場の思惑の偏りに敏感になろう

題材に対して多くの人はポジティブ・ネガティブ双方あれどあれこれ考えますが、その考えには「いまは円安の流れ」のような偏りがあります。それは「市場参加者の見方」という総意として表現されることもあるでしょう。為替相場に対しても「ここまで円安が進むと介入があるのでは？」というのも、そのひとつかもしれません（実際に2024年4月下旬に実施されたようですが…）。

こうした共通認識通りにことが進むと波の大きな変化は起きにくい。多くの参加者の思惑通りの相場が続く間は、なかなか優位性のあるポイントを探すのは大変ですが、**多数派のトレーダーの思惑が裏切られることは往々にしてあり、それが価格が大きく動くタイミングになります**。理由は簡単で、多くの投資家が慌てるからです。

またしても株の話になりますが、楽天グループは5期連続赤字で、配当をはじめて無配とするなど、モバイル事業が足を引っ張り市場関係者から落胆の声がたくさんありました。ところが2024年2月14日の決算発表で赤字は縮小され株主優待の変更を発表したところ、株価は急騰しました。それまでは不安が不安を呼んでいたのに、ふたを開けてみたら好材料によって違う流れが生まれ、相場が反対方向に動いたわけです。こういった「多くの人にとって予想外の事態で価格は大きく動く」という相場の特性をイメージしておくと、大きく稼ぐチャンスが見えてくるわけです。

そして、相場の波が大きく動くタイミングは損小利大を実現するためにはとても大切です。たとえば為替市場でもレンジ相場が続いていると「当面はこのまま進む」と考えるトレーダーが増えていきます。しかし大方の予想に反してブレイクしたら、期待を裏切られたトレーダーは慌ててロスカットしてその流れを加速させるので、新たなトレンドを生むのです。私はこういったポイントを、違和感として相場の需給から捉えるようにしています。

たとえば、米ドル／円相場で、数週間は押し目買いがうまくいっていたのに、ある夜はうまくいかなかったら、押し目買いをした投資家は皆含み損になっているはずです。こうした動きを目の当たりにすると「おかしい」と感じますし、変化の前兆かもしれないと思います。時間が経過しても価格が上がらないとなるとさらに違和感は深まり、それならば売り目線でポジションを持とうかという考えに至ります。

私はそうした違和感が積み重なり、何かおかしいと思うポイントでトレードを検討してシナリオを作り始めるのが基本です。たとえば「ダブルボトムが最終的にその形にならない」、「三尊の形が出ているのになかなか下がらない」、「直近の高値・安値付近なのになかなか反転しない」など、多くのトレーダーが考える、ありがちな値動きに反する動きが出たときです。もちろん、本当に値動きが急変するかどうか、その時点で確信しているわけではありません。大事なのは、多くの投資家の考えと異なる値動きがあって違和感を覚えたら、急変の前兆として察知することであり、それが需給の変化であり、トレンド転換のサインなのだと思います。

違和感の探し方

私がどのように相場の違和感を探しているかですが、私がチェックしているのはチャート上の「試す」動きです。たとえば、図3－2の5分足チャートはレンジ相場を描いており、安値を試したが抜けないで反発したという動きが見られます。これは、**安値をブレイクしたのでトレンドが発生する期待や思惑があるはずが、なかなか下がらず停滞しているという事実が違和感につながります。**高値をブレイクしたのに上がらなかった、安値をブレイクしたのに下がらなかった、という動きがあれば、違和感

図3-2 ブレイクしたのに値を戻した相場

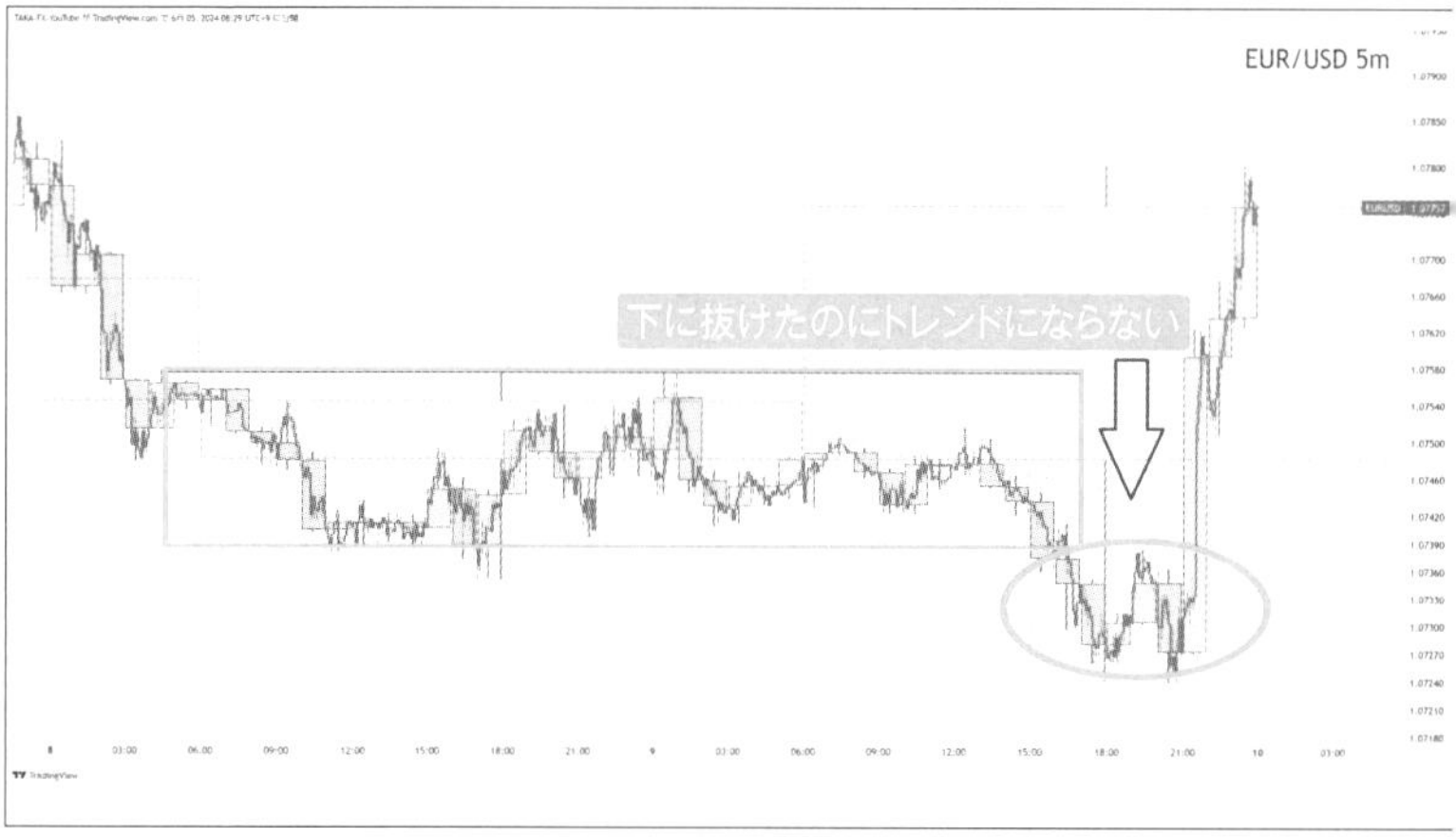
EUR/USD 5m
下に抜けたのにトレンドにならない

を持ちながらその後の動向を注意して追います。

高値、安値ブレイク自体はロスカット注文をきっかけにたびたび起こるものですが、それが次のトレンドを生むかどうかは上位足やその他の環境の影響も受けます。安値を割れてロスカット注文が出たのにその後の動きがトレンドを生まなければ、その場所はいわゆる安値圏。買いが入るのは自然でもありますし、安値圏で買いが入れば次に目指すのはレンジ高値。底堅いと捉えられれば次は高値を抜けるかもしれません。

レンジからのブレイクはロスカットや新規エントリーが集中する場所であり、そこには様々な思惑が生まれる場所でもあり、その思惑は相場の違和感としてチャートに現れます。

この「**違和感**」**を感じることができればそこがエントリーチャンスとなります。**

本来ならレンジの高値圏で買いたい、安値圏で売りたいと考えるトレーダーは多くありません。ところが思惑や期待を裏切られた勢力は高値や安値でロスカットという形で買わされたり売らされたりすることになります。

長い時間をかけたレンジからの安値ブレイクがダマシだったとなれば、その相場は底堅さが見えることになり、いままでとは違った視点の期待や思惑が生まれ、今度は次の期待や思惑に沿ったトレンドを発生させるのです。

そのトレンドの起点となる場所は違和感が発生した場所となることが多く、そのような場所でポジションを持つことができれば大きな利益を生むチャンスを得られることになります。

一方、この動きを日足(図3－3)で見るとどうでしょうか。先ほどの5分足が抜けたというのは、この部分のサポートを抜けたということを示していますが、日足ではブレイクしていません。さらに4時間足(図3－4)はブレイクしていますが、その後反転を示唆する包み足が出ています。短期足におけるサポートはあくまでもその時間軸での話であり、上位足になればなるほど細かいサポートは見えにくくなるのです。

5分足のサポートは短期勢しか注目しておらず、だからこそ大きなトレンドが生まれず試すような動きが生まれるのですが、ある程度時間が経たないと、それが試しだったかどうかわかりません。ですから、私は安値をブレイクしても、すぐさま相場に飛び乗るのではなく、ブレイク後の値動きがどうなるのか様子見します。そしてそのまま下がらずに値を戻したのなら「違和感」となり、「この展開をブレイクと思うのは危ない」という流れが見えてきます。**値動きを目先の価格を追うのではなく、時間経過の波で見ることが、トレンド転換サイン（の可能性がある値動き）の発見につながる**のです。私ならここで上昇する可能性を予測し、ロングポジションを持つことを検討します。

まとめると、安値を試したのに下がらな

図3-3　日足を重ねたもの

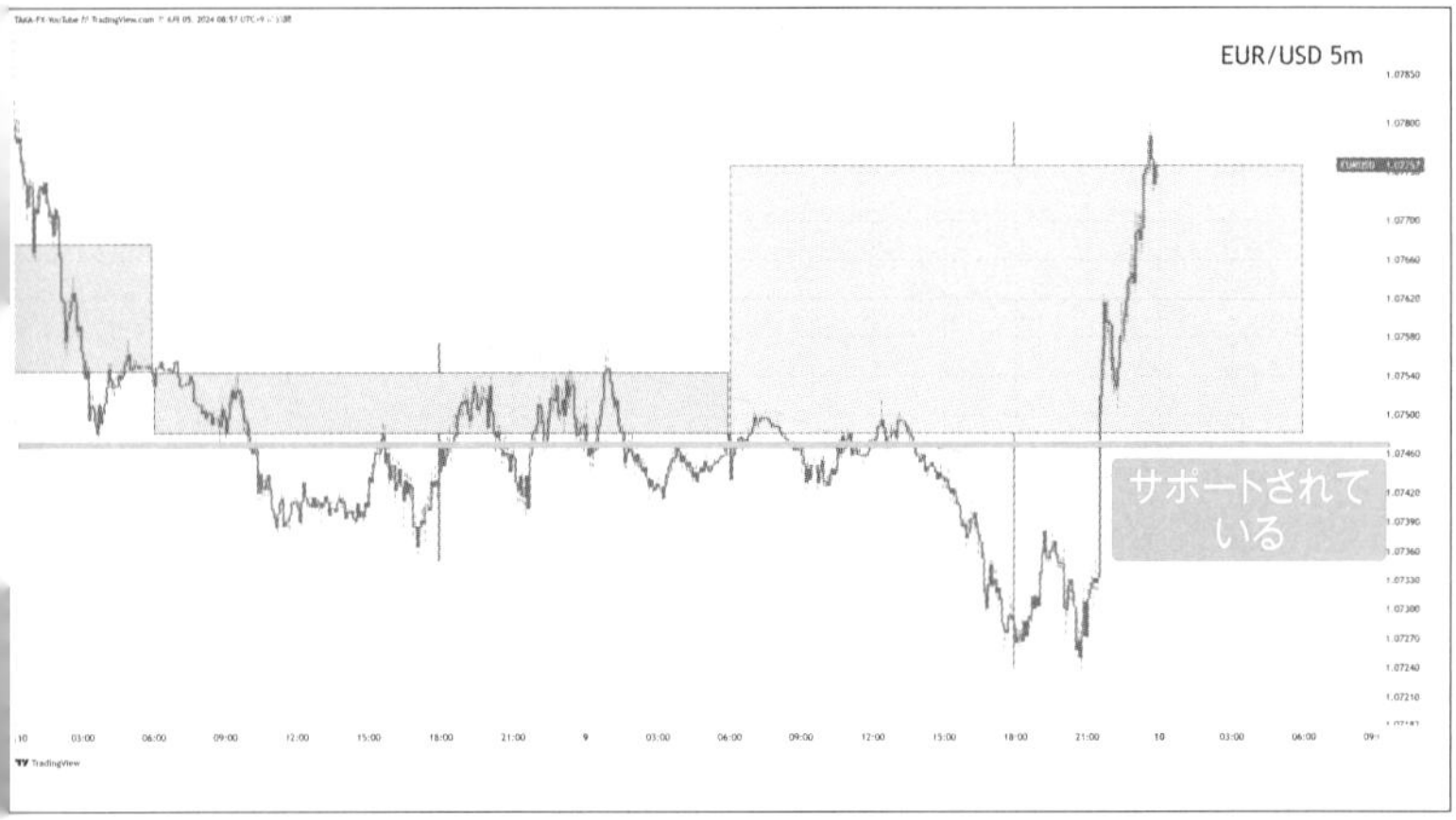

ければ相場の違和感だと捉え、次は買い目線に転じるということです。ブレイクしたとしても、1~2本の1時間足ができるまでは待って、さらに下がっているなら売り目線のままですが、下がらずに上がっている、つまり試しの動きが出たなら目線を変えます。

ブレイク直後は「まず様子見」

なぜ、ここまで慎重になるかというと、ブレイクをブレイクだと思ってすぐに乗ったり、押し目買いで買ったりしても、必ずしもうまくいかないからです。レンジから

図3-4　4時間足を重ねたもの

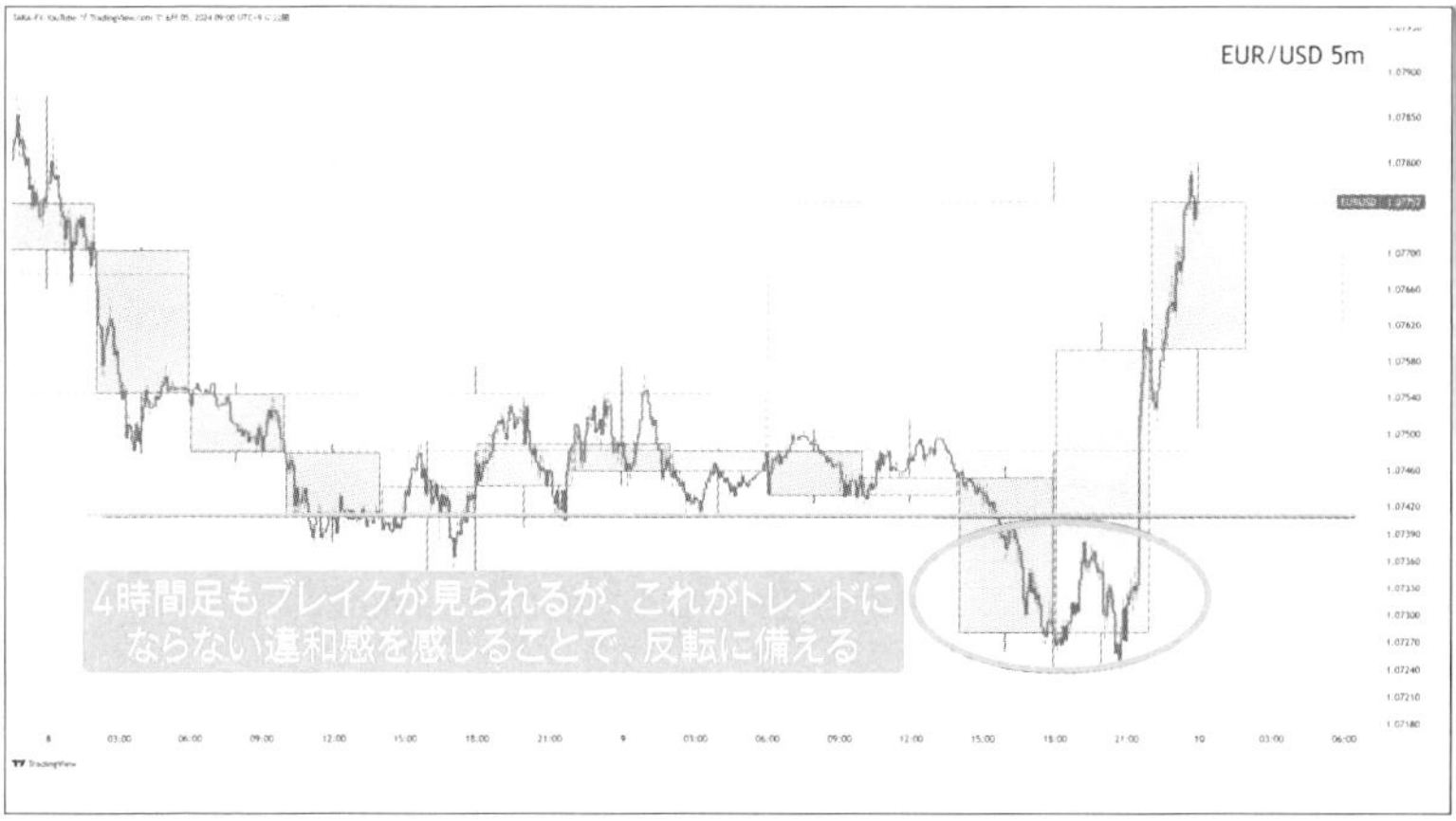
EUR/USD 5m
4時間足もブレイクが見られるが、これがトレンドにならない
違和感を感じることで、反転に備える

ブレイクするとトレンドが生まれる」というのは相場のセオリーですが、毎回そうなるとは限りません。実際は抜けた後に戻すこともよくあり「結局はどうなんだ?」とトレーダーは混乱するわけです。

その背景には、高値のブレイクなら流れに乗ってロングをしたり、ショートで入っていた人がロスカットをする、さらに逆張りを狙って新規でショートで入る人もいるでしょう。さまざまな思惑が交差するので先の値動きを読むことが非常に難しく、高値(安値)付近とブレイク直後は手が出しにくいとも言えます。

本来ならブレイク直後がチャンスといわれ、FXの教科書にもそう書いてあるでしょうが、必ずしもそうではなく、まず試しの動きがあったら少し待って違和感を確かめてから取引に入ってみるほうがリスクを抑えられると私は考えています。

次に紹介するのは、安値を試したけれど、下がらなかったときのトレードです。私はレンジ相場のなかでロングで入ることをイメージしていました。図3-5のチャートを見るとわかるように、安値を2度にわたって割りこんでいます。上の方で買っていた人たちは、ロスカットを検討する場面でしょう。

ただし、最初に安値をブレイクしたあと値を戻し、再びブレイクしてまた値を戻しています。要するにここでは安値を試したが「抜けなかった」ということになります。下がったのに下がらなかったのは違和感で、こういう場面で私はロングで取引に入るのです。

つまり、私の場合はサポートされると事前に予想してロングをするわけではなく、売られないという事実が見えたからロングをするのです。

図3-5 安値を割ったのに上昇した例

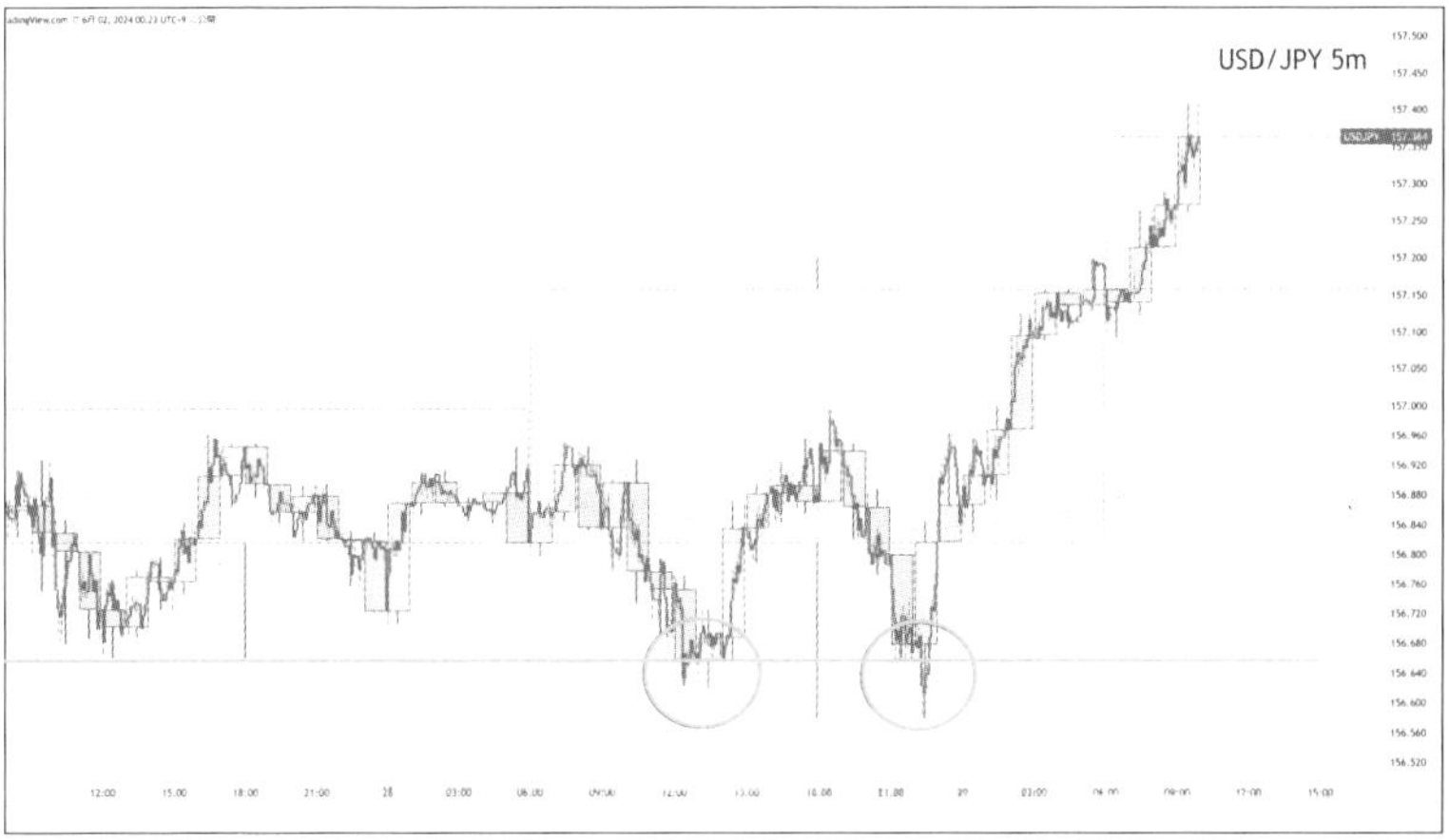

価格がブレイクするとトレンドが現れるというのは、相場参加者の共通認識です。安値をブレイクしたらすぐさま下降トレンドの流れに乗るトレーダーも少なくないでしょうが、少し待つことで、反発するかしないかを確かめる。反発したのなら、そこからロングポジションを持ってもいいわけです。

先に取引に入ったトレーダーたちが判断を誤ったことに気づいた瞬間にトレードに入る形になり、後出しじゃんけんのようなものですが、それでも価格が上昇して彼らがロスカットして買い戻しが起きると、さらにレートは上昇します。**共通認識から外れた動きが違和感であり、その違和感にこそ稼ぐチャンスが潜んでいるのです。**

4

TAKA's Original FX Secrets

ＦＸで稼ぐ「シナリオ」の作り方

トレードにシナリオが必須な理由

シナリオは事実に基づいて作る

ここまでで繰り返し述べてきましたが、相場はトレーダーの思惑が裏切られたときに大きく動きます。思惑とは、たとえば「テクニカル分析に沿った形が出たからエントリー」という視点ですが、結果的に**テクニカル分析通りの動きにならず、時間経過で起こる「違和感」や「不安感」が新たなトレンドを生む**ことがあり、そして**新たなトレンドが生まれるタイミングが、大きく稼ぐチャンス**ということです。

そして、具体的にどうエントリーし、利益を確定するか。さらに、リスク管理を徹底して損をできる限り小さくするか。それを実現するために必要不可欠なのが、「シナリオ」です。本章では、損小利大のためのシナリオの組み立て方について詳しく解説します。

シナリオを作るうえで大切にしてほしいことが、やはり「時間」です。**私の場合は60分でトレードに結論を出す**ようにしています。つまり60分以内に相場が大きく動くタイミングをチャートから予測してトレードに入り、時間内でシナリオ通りに進まないならロスカットして仕切り直します。その方が効率がいいですし、ポジションを持つ時間が短い方が、リスクを軽減することができるからです。シナリオ通りに進まなかったとしても、「反転するかもしれない」とダラダラ持ち続けることはしない。

でも、**予想通り（もしくは予想を超えて）含み益が積み上がっていくなら、60分で利確する必要はありません。あくまでもシナリオが正しかったかどうか結論付ける、決着させるということ**です。

未来の相場展開を正確に言い当てることは、常勝トレーダーであってもそうでなくても、誰もできません。
また、なかには当てずっぽうで取引している人もいるかもしれませんが、ほとんどのトレーダーはポジションを持つ際は、相場がこの先どうなるかという予測、為替がどう動くかを想定したシナリオを用意しているはずです。しかし結果的に予測が的中して利益を出す人もいれば、シナリオと全然違った値動きになり、損をする人もいます。**うまくいかないのは、シナリオが願望で作られていたり、予想に根拠がなかったりなど、「事実に基づいていない」ことが原因**だと思います。

図4-1　TAKA流60分トレードのイメージ

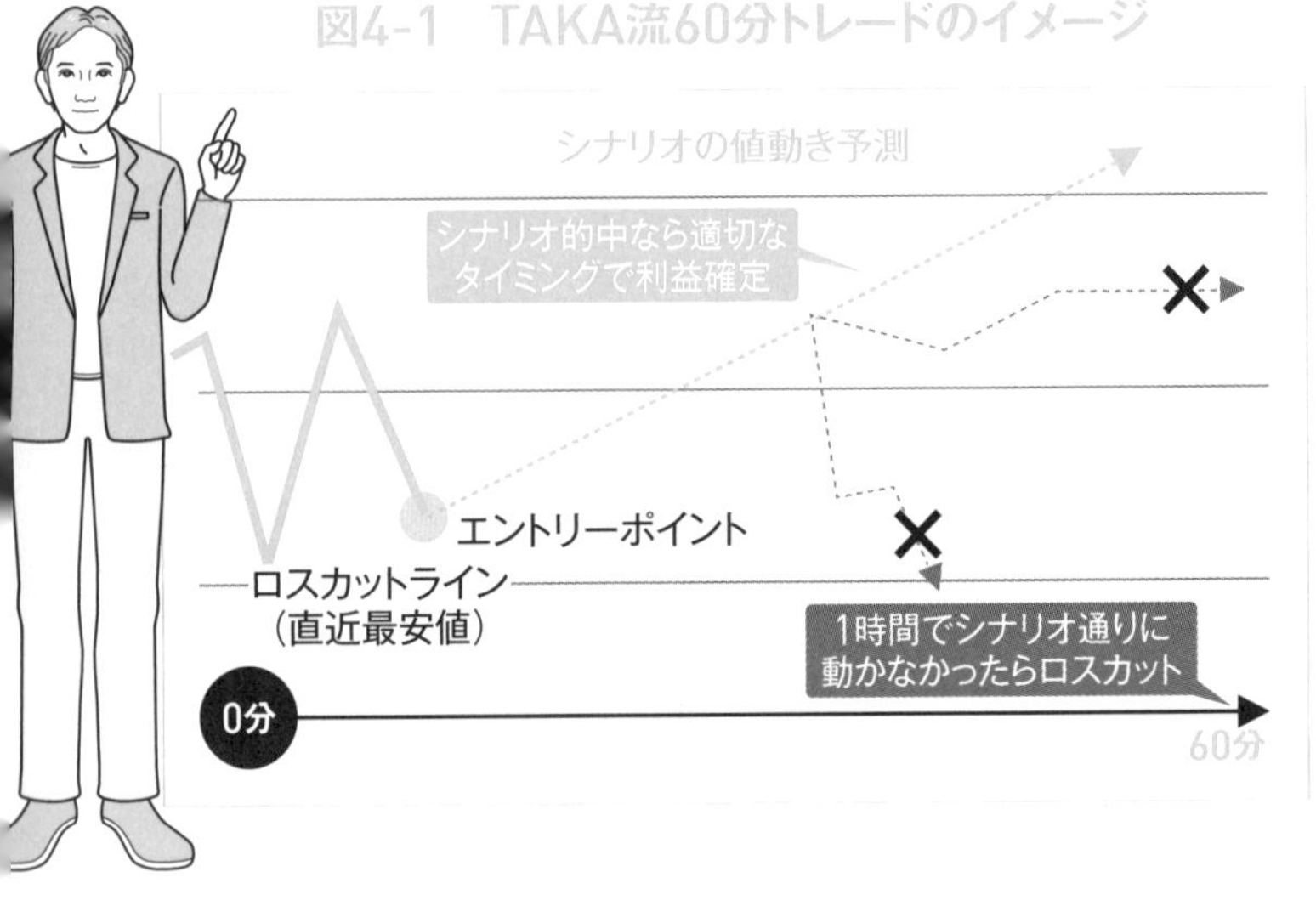

結果を前もって考えるという点で「予想」と「予測」の2つの言葉がありますが、前者が「主観的な見方」をすることであることに対して、後者は「より客観的な見方」を意味します。確度の高いシナリオを作るためには、チャートから得られる情報（テクニカル分析）やその裏にあるトレーダーの行動や思惑を推しはかり、「予測」を立てるのがポイントです。

トレードに絶対的な正解はない

まず、私はトレードに絶対的な正解があると思っていません。一般的には「安値圏では買い」「高値圏では売り」と言われますし、レンジ相場の下限でショートポジションを持つ、あるいは上限でロングポジションを持つのは危ないとも言われます。「高値買い」や「安値売り」は避けるということなので、当然といえば当然ですね。

しかし、レンジの高値圏で買うことはつねに悪いというわけではなく、必ず損をする悪いトレードとは言い切れません。なぜならば、レンジ相場が続いているのなら損になりますが、レンジはいつか高値、もしくは安値をブレイクするからです。しかも上値や下値を抜けると大きな値動きにつながりやすく、そこを狙うという考えは間違っているとは言い切れません。

プライスアクションも同様で、たとえば移動平均線にタッチしたから反発を期待する考え方があれば、割り込んだ場合は反対の動きを期待するという考え方もあります。**トレードは相反する考え方が同時に起こる世界であり、どちらが正しいでも間違いでもなく、しっかりとした根拠をもって、「自分はこう考える」というブレないトレードをすることが重要**なのだと思います。

そして、ここで言う「考える」ことがシナリオ作りやその根拠となる考え方を意味します。正しいかどうかよりもシナリオを複数立てたうえで、その通りになったらどうするか、そうならなかった場合はどうするかまで決めておくことが、トレードでは肝心ということになります。

しっかりと根拠をもちブレないことが大切なのであって、レンジの上で買うときもあれば、レンジの上で売ることもあるでは整合性がありません。根拠がなければ、それは「上がったらいいなあ」のような願望止まりだということです。「以前は上がったこともある」程度では根拠としては弱い。「もうレンジをブレイクする」「まだブレイクしない」と言えるような根拠があってはじめて、練りこまれたシナリオと言えるのです。

市場には様々なトレーダーがいることを忘れずに

また、市場参加者はいろんな視点を持ち、相場を見ていることも理解しておくべき点です。為替に限らず金融商品全般に言えることですが、その価格をつけているということは売買が成立していることを意味します。「こんな安値で誰が売るんだ」「こんな高値で買う人がいるのか？」と思ったとしても、その瞬間に売買が行われていることは事実であり、**参加者の数だけ異なる見立てや思惑がある**ことも知っておくべきでしょう。

さらに言うと、為替相場は巨額の資金が入り乱れる世界で、私が持っている資金を全力で投入しても価格は1ミリも動きません。そのレートをつけているということは、非常に大きな金額の取引が成立していることも意味するのです。自分からすると「なぜ？」と思うような高値・安値でも売買している人は間違いなく存在しています。

大きな資金が動いているのであれば、機関投資家の可能性が高いでしょう。機関投資家は投資（投機）のプロですので、何も考えずにトレードしているとは考えられず、なぜ機関投資家が巨額資金を投じているのかなど、広い視野で市場を捉えることが大切なのです。

自分の視点だけで考えてしまうと偏りが生まれ、それはシナリオ作りにも悪く影響します。 想定通りの展開をしたときは問題ありませんが、想定外の動きをしたら「そんなはずがない」「こうなるはずだ」という思い込みにつながる恐れがあり、損切りなどの判断が遅れる原因になります。そもそも金融市場は巨大であり、**自分が思いもつかないようなことを考え、巨額の資金を投じて売買している人がいる**ことを認めることから始めるべきです。そうすれば自分の間違いを受け入れやすくなり、いま見えている相場環境を取り入れながら再考することもできます。

トレードのうまさは、先を見通す力ではない

私がオンラインや対面でセミナーを開催して、いわゆるトレードがうまくいかない方から話を聞くなかで違和感を覚えることがよくあります。たとえば「勝ち組投資家は相場分析が上手で、先を見通す力が優れているから勝てる」と言うのです。自分はそうじゃないから勝てないと嘆くのですが、私もトレードに失敗してつらい思いをすることはありますし、思い通りにならないことのほうが多くあるほどです。

先を見通す力に優れているからＦＸで利益を残せているのではなく、**自分の予想が外れたとき、すなわちシナリオ通りにことが運ばなかったときの対処法、具体的には逃げ方や諦め方が上手な人が、結果的に資産を積み上げているの**だと実感しています。

つまり、**ＦＸがうまいとは、リスク管理がうまいということ**なのです。

結局のところ相場は上がるか下がるかの2通りしかなく、極論を言えば適当にトレードしても2回に1回は予測が的中します。優れた考えがあるから勝率が100%になるわけではありません。

たとえば勝率が8～9割のトレーダーもいますが、彼らは価格が逆行したからといってもすぐに損切りはしないなど、それだけのリスクを取っています。予測の的中率が9割なのではなく、目先の値動きに耐えるなど、リスクを抱えて勝率を高めているのです。**勝率とリスクはセットで考える必要があり、リスクを抑えるため損失を小さくするなら勝率はどうしても下がってしまいます。**

リスクを取るから勝率が上がる、取らないので勝率が下がるという関係性があり、上手な取引をするのはこういうトレーダーだという理想像はあるでしょうが、そういった人がすべて思い通りの値動きをもとに勝っているわけではないと理解しないといけません。こういった前提に立ったほうがリスクも考慮したシナリオ作りができます。

TAKA流・シナリオの作り方

確率の高いシナリオを採用していく

シナリオは上がるか下がるかを決めることではありません。上がるならどのように上がるか？　下がるならどのように下がるか？　までを想定します。

ですから、シナリオは作ろうと思えば無限に作れます。相場の先は基本的にわからないからこそ上昇・下落のさまざまなパターンが思い浮かぶわけです。ただし、予想できるシナリオの数が多く絞り込めない時点で私は取引に入らず、様子見をするよう心がけています。たくさんのパターンが想定されるということは、確信が持てない、つまり勝てる根拠がないということだからです。

様子見を続ける中で、無限に見えていた先の値動きが30パターン、さらには10パターンくらいに絞れるようになります。そのうち7個は上昇、3個は下落のイメージだとすると、数が多い上昇のシナリオに乗っていくことが基本的な戦略となります。3個の下落シナリオを引き当てることもありますが、それは損切りのシナリオになるので、落ち着いて対処できるはずです。

私の場合はシナリオをある程度絞り込まないとトレードをしませんが、なかには100パターン見えれば十分という人もいるでしょうし、5個まで減らさないとエントリーしない人もいるでしょう。これに関してはリスクの取り方や本人の性格も関係します。

どれだけシナリオを準備をしても、イメージできなかった値動きや、突発的な事態で予想外の相場になったりすることもあり、リスクは完全には排除できませんが、トレードに一貫性や安定性が出てきます。稼ぐため、そしてリスクを回避するためには、シナリオ作りという準備は大切なのです。

図4-2　時間とともにシナリオが絞り込まれていく

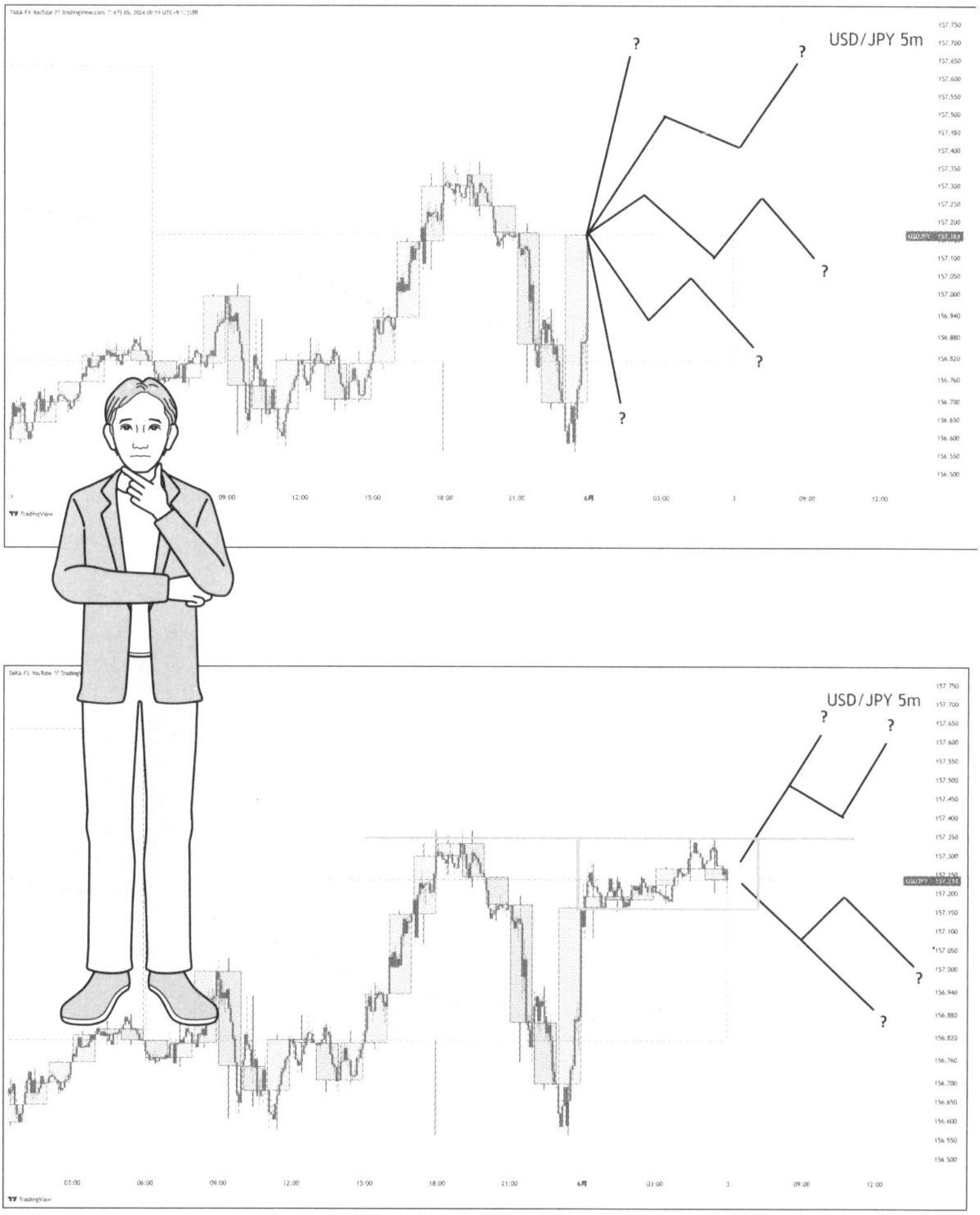

シナリオ作りは「定義づけ」から始める

シナリオを組み立てるにあたり、私は2章で取り上げたダウ理論を参考に「定義づけ」をしています。チャートを見て一見して上昇・下落していることは分かれば、そこから踏み込んで「連続する高値・安値が、直近の高値・安値を上に更新しているなら上昇トレンド」というように具体化し、さらに「上昇トレンドなら買い目線のシナリオ」というような段階を踏んで定義づけるようにしています。

さらに掘り下げると、定義としては上昇トレンドであっても値動きには波がありますから、調整の動きが出そうなら売り目線で見ようといった捉え方もします。いわゆる「逆張り」ですが、これも人によって認識は異なります。

「逆張り」は一般的には相場の流れに逆らった投資法のことを指しますが、私の場合は「上昇トレンド中における短期的な押し」と定義づけ、調整の動きが出てくる場面を少しショートで見ることを「逆張り」としています。反対に「順張り」とは「上昇トレンド中に押し目を買う」と定義づけています。また相場が上昇しているかどうかを判断するため基準にするチャートも、1時間足なのか日足なのか人によって異なりますが、私の場合はまずは1時間足を見て判断しています。

ここで大事なのは「自分はどう考え決めているか」「自分の基準はブレていないか」ということです。周りのトレーダーがどうやっているのか、どう捉えているのかは関係なく、自分なりの基準を設けて、ブレないことが大切です。

FXはトレードで利益を残すのが目的であって、そのためにはチャートを見て判断し、トレードを繰り返してしていく必要があります。チャートが似た値動きを形作っているのに、今日は「上昇トレンド」、明日は「下落トレンド」と判断しているのでは、判断の軸や根拠がなく、トレードに再現性も生まれません。

私はダウ理論を参考にしていますが、それは私にとってこの考えがフィットするからに過ぎません。ダウ理論を軸にすることで考えがブレず、トレードに再現性を持たせやすくなったということです。考え方の根拠にするのはダウ理論である必要はなく、自分に合う理論ややり方があれば、それを取り入れて下さい。移動平均線でもギャン理論でもよいでしょう。とにかく**一貫性があり再現性の高いトレードにするための定義、基準を持つことで、安定的に利益を出せるようになり、リスクも回避できるようになるはず**です。

稼ぐシナリオにはトレンド転換シグナルが重要

それでは具体的に、シナリオを作る過程、考え方の例を説明します。

たとえば、図4-3は米ドル/円の5分足チャートですが、パッと見てわかるように上昇する波が見て取れます。上げ、レンジ、上げという波です。上昇トレンドではチャートのような上げ主導で相場が展開しますが、どこかのタイミングで下げ主導にひっくり返ります。

では、**何をきっかけに転換するかというと、直近の安値を割り込むかどうか**です。上昇トレンド中に下落しても、直近安値を割り込まなければトレンドは継続していると判断できますし、実際にこのチャートでもそのように推移しています。

ところが時間が過ぎ、レンジ相場から直近の安値を割り込んだ途端、下降トレンドに移行しました。つまり、買い優勢だった相場から売り買いが拮抗するようになり、その決着がつくことで下落のトレンドに転

図4-3　レンジと上昇を繰り返しているが……

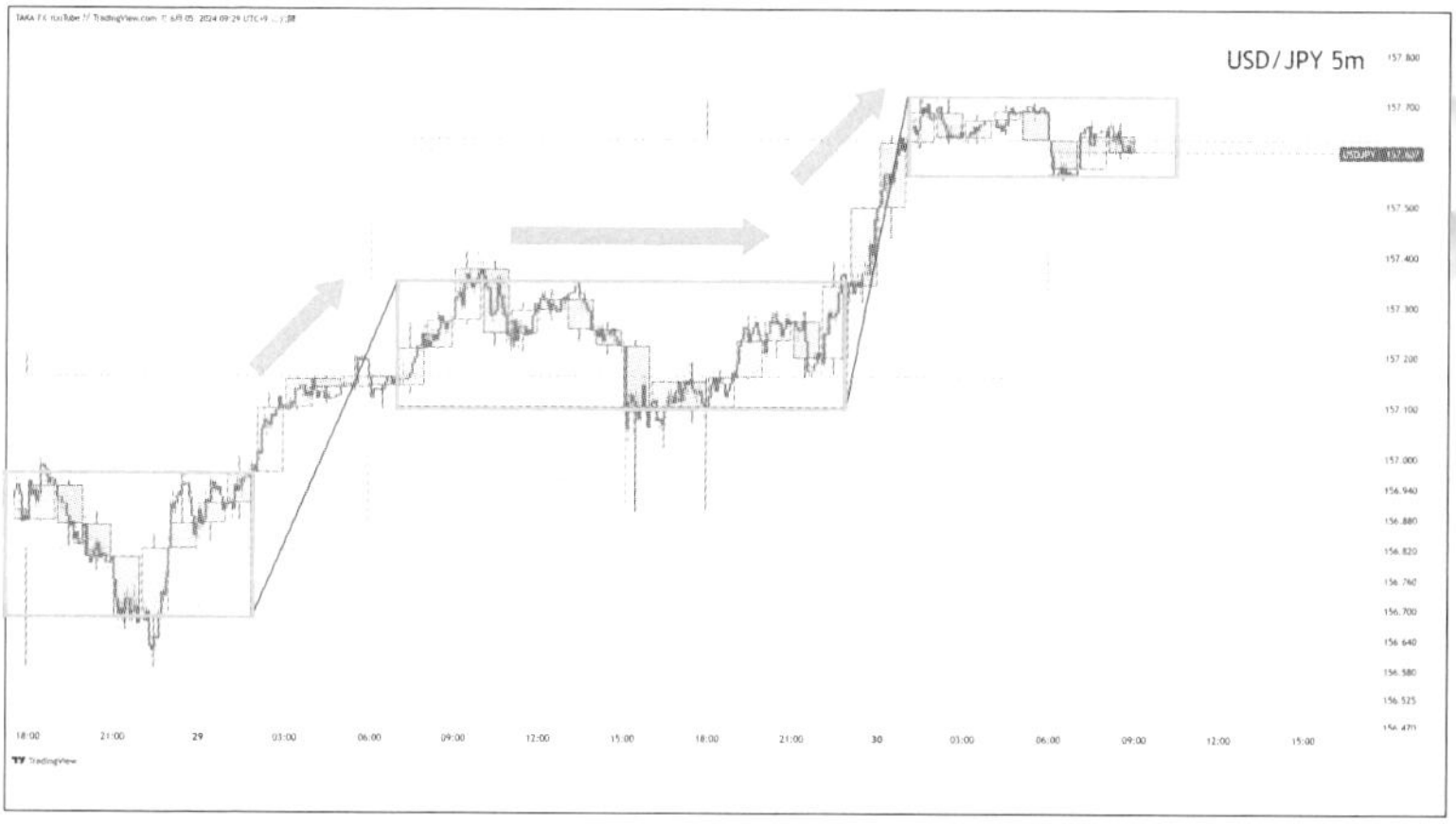

換したわけです。(図4－4)

高値・安値を切り上げ続ける上昇トレンドは、直近安値を割り込んだ時点で、今後は下落トレンドになると私は見ます。ダウ理論では、明確な転換シグナルが発生するまでトレンドは継続するので、高値・安値の切り上げ・切り下げという、トレンドの定義が崩れたときが、明確な転換シグナルとなるからです。

図4－4でも、安値を割り込んだポイントが上昇トレンドからトレンドが転換するシグナルなので、売り目線となり「ショートで取引に入ろう」というシナリオに行き

図4-4　安値を割り込んだら下落した

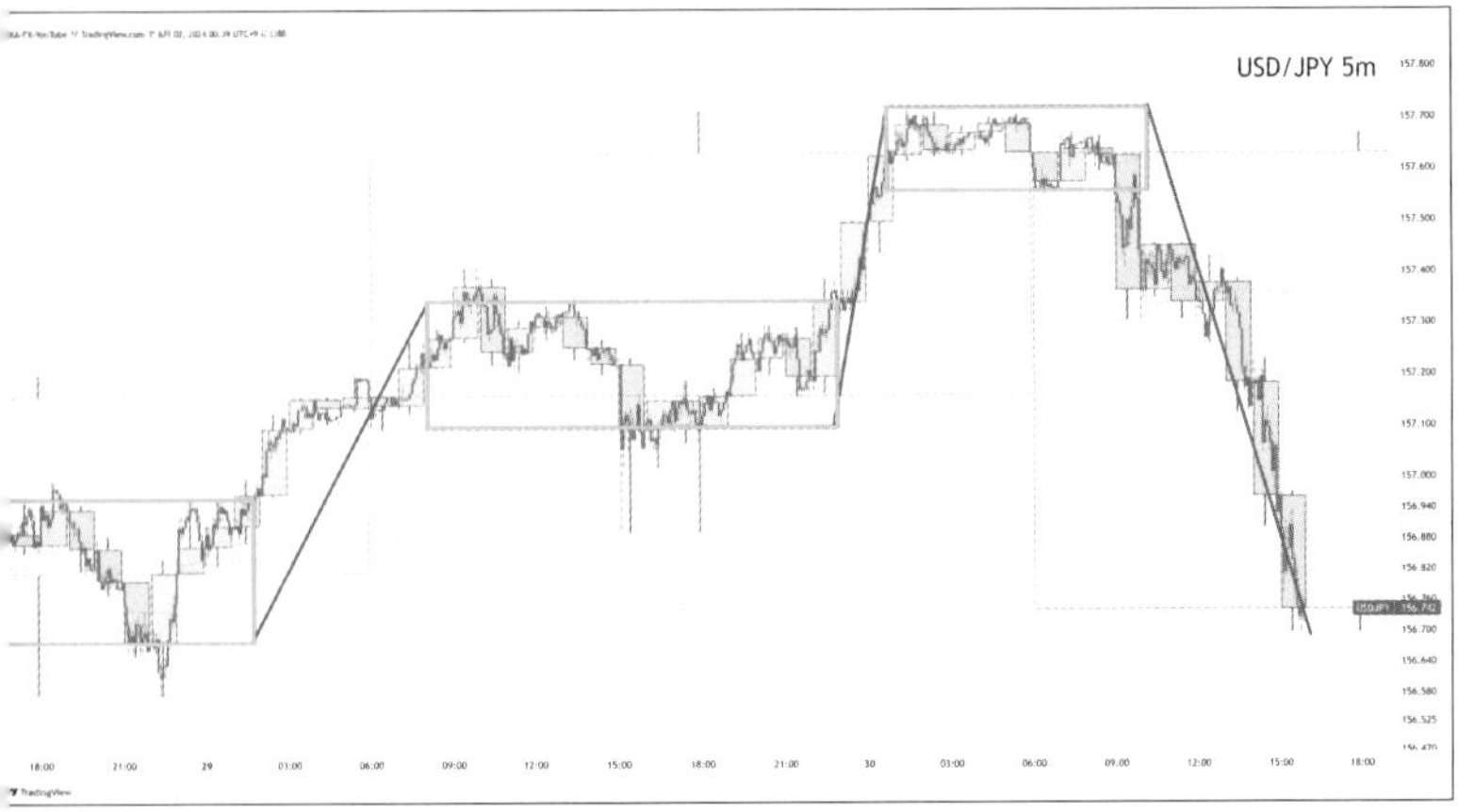

つくことができます。かつ、トレードに入ってからは上昇トレンドだったときの安値にいくまではポジションを持ち続けます。そして、実際に下限に到達してから安値をブレイクしたら本格的な下落トレンドが始まることを意味しますから、ポジションは継続させ値動きが落ち着くまで、もしくは安値付近で反転した時点で利益を確定させます。これが利益を取るまでのシナリオです。

同時にリスクについても考える必要がありますが、仮にレンジの高値付近でショートポジションを持った場合、直近高値を超えるとシナリオは間違っていたということになります。ただし、高値を超えたすぐの辺りでは再び反落してレンジ内に価格が戻る「ダマシ」が起きる可能性があるので、一呼吸おいて様子見をします。そしてやはり高値をさらに更新したら、損切りを行います。

ここで大事なのは、損失幅より利幅が大きくなるようポジションを取ることです。図4－5で説明しますが、仮にレンジの中間でポジションを持つと利幅と損失幅はほぼ同じなので、リターン=リスクとなり、レンジの中間より下から取引に入ると期待できるリターンよりもリスクのほうが大きくなります。

売り目線であればレンジの高値付近からポジションを持つことでより大きな利幅を期待でき、損小利大のトレードにつながります。繰り返しますが、相場が上がるか下がるかの確率は50%であり、確率上2回に1回は予測と反対方向に価格は動きます。そのときに、リスク以上に大きな値動きが期待できる場所で入れるかどうかがポイントなのです。

一方でトレンド転換ではなく「まだ上昇トレンドの途中」と考えるトレーダーもいるかもしれません。その場合はレンジの下限まで値動きを待ち、そこでロングポジションを持つという選択ができるでしょう。

ちなみに、デイトレードやスイングトレードなど、トレードのスタイルが違っても、シナリオ作りの基本は変わりません。私はデイトレード専門なので1時間足の中に5

分足を重ねたチャートをじっくり見ながらシナリオ作りを進めますが、長期なら日足メイン、短期なら5分足メインなど、時間軸を変えれば対応できるでしょう。

相場は時代によって性格が変わる

そして、シナリオを作る、準備を整えるために必要な知識とは、書籍やインターネットで学べるプライスアクションであったり、相場の需給であったりします。FXのノウハウやテクニックは無数にありますから、どれが自分に合った手法や考え方なのかを確かめながら、自分なりのやり方を

図4-5　リターンとリスクの考え方の一例

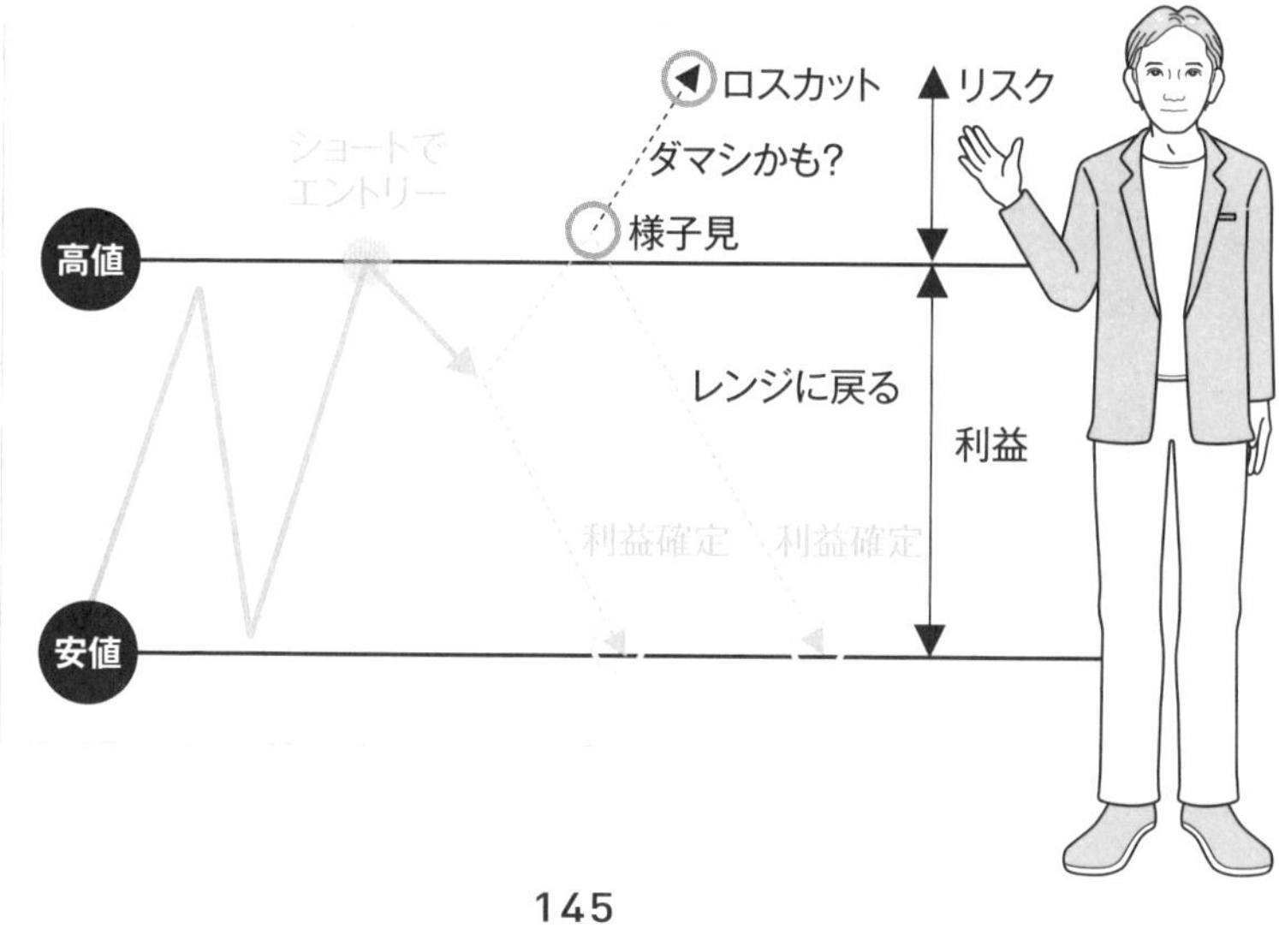

見つけ出すことをおすすめします。

誰かのアイデアを自分用にカスタマイズしても構いません。私も他の専業トレーダーのノウハウを見聞きすることはありますが、「なぜこれで勝てるの?」とさっぱり理解できないことがあります。むしろ真似できないことのほうが多いくらいです。そして誰かの手法をコピーするだけで勝ち続けているという人も知りません。FXのテクニックは属人的で、最初は誰かの手法を参考にするのはいいのですが、最終的には自分なりのやり方を作り上げる必要があると思います。

多様なシナリオをイメージするには、経験も必要です。というのも、米ドル/円相場であれば2022年は上昇トレンドだったのでロングメインでトレードしていれば勝てました。ところが、その翌年は上下しているだけで大きな上昇・下落のトレンドはなく、ロング一辺倒ではどこかで負ける場面もあったはずです。

相場はその時々で性格を変えるので、短期間で自分にとっての必勝法が見つかるわけもありません。私は専業になり19年目を迎え、超円高の相場も、超円安の相場も経験しましたが、まだわからないことがたくさんあります。だからこそなるべく長く相場にいて、経験を積むことが大切だと考えています。そして、長くFXを続けるためにもリスク管理を徹底したシナリオ作りが重要なのです。

たとえば、いまの30～50代（私もそうです）は人生の大半がデフレの時代で、インフレはここ1～2年ではじめて経験するようになったと思います。はじめてのインフレ体験ということは、今後どうなるかを想像するのも難しいでしょう。おそらく色んな失敗を重ねながら頭を切り替えていくしかないでしょうが、そういった経験を大事にしながら腕を磨くように自分にも言い聞かせています。

多くの日本人トレーダーにとって、インフレ時代の相場は未知の領域なのですが、そういったときこそ、いつの時代にも通用する普遍性のあること、つまり相場環境の認識と、そのうえでリスク管理を徹底したシナリオ作りが有効なのだと思います。

相場の波を意識する

チャートの違和感からシナリオを作る

相場は波で、波のリズム（または波のサイズ）は必ず変わるということを繰り返し説明してきました。トレードとは波を捉えることであり、波のリズムが変わるから、反発しそうなところで反発しなかったり、思いのほか伸びたりといった現象が起こるわけです。時間を意識するということは、この波のリズム、サイズ感を把握して、リズムが変わるタイミングを探すことです。

チャートでは何分で何銭動いたということがわかりますが、上下の動きが値動き、左右が時間の動きです。この値動きと時間の動きが波ですが、一定のリズムで上昇もしくは下降しているとトレンド相場、値動きが拮抗しているとレンジ相場です。こうしたリズムが変わるとき、つまりトレンド転換のときは値が大きく動き、大きな利益が期待できるチャンスです。そして**リズムが変わる前に、「予兆」があります。**

図４－６のチャートは、四角で囲んだレンジ相場と上昇を繰り返しています。レンジ、上昇、レンジ、上昇と一定のリズムで値動きを形成していましたが、３つ目のレンジ相場は、それまでの2つと異なり時間が長くなっていて、明らかにリズムが異なります。私はこういったリズムの変化に違

図4-6　波のリズム・サイズが崩れた変化の兆し

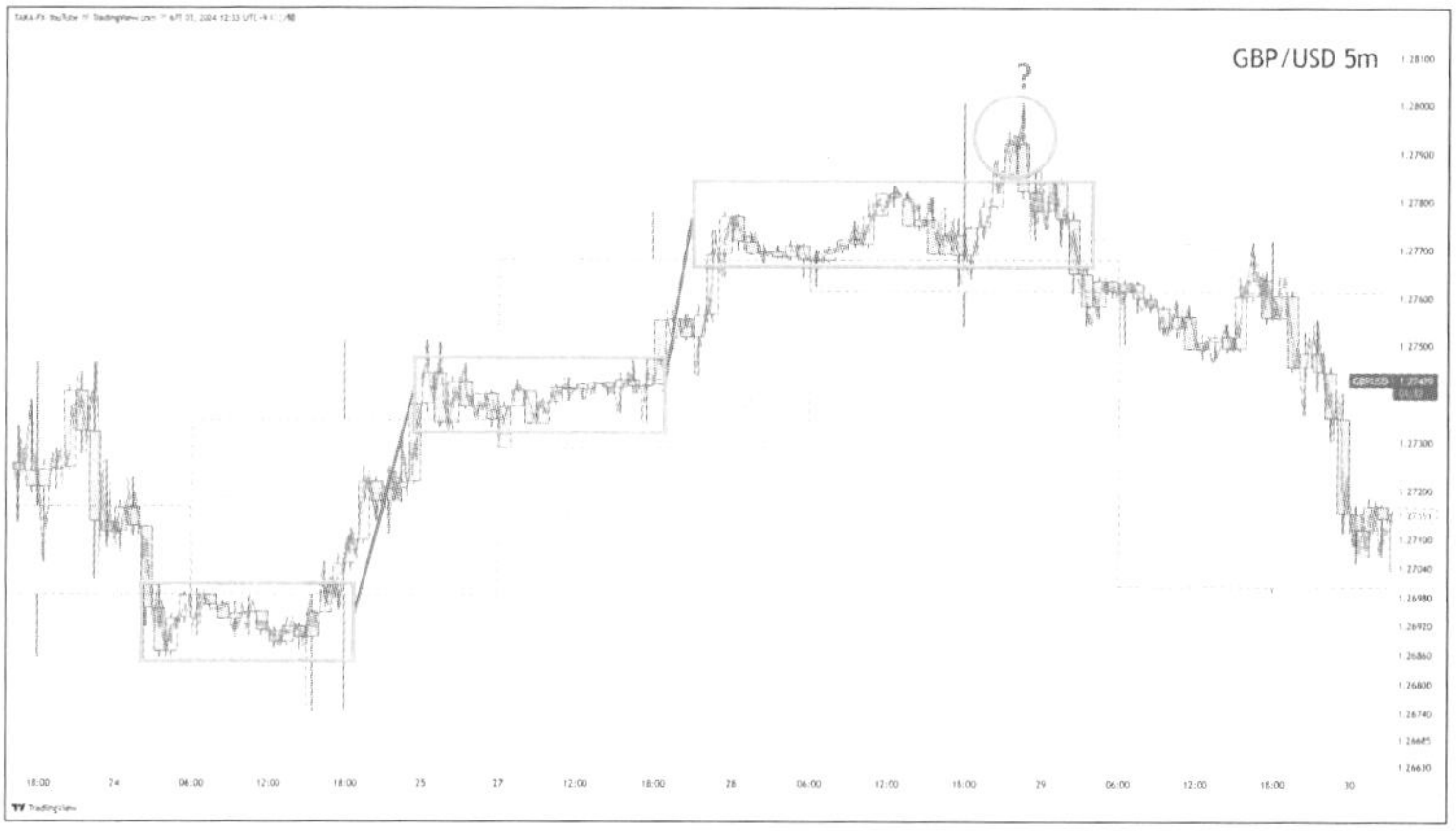

和感を覚え、「上昇トレンドに歯止めがかかったのでは？」と推測するのです。

もし、同じリズムであれば3つ目の囲みはここまで長くならず、上昇しているはずですが、丸で囲った部分を見ればわかるように、**上昇しそうだったのに下落に転じています。これを「トレンドの転換サインではないか」と疑って、この時点で「買い」ではなく「売り」の目線で考えます。**

波に変化が起こるということは反転の兆しを意味します。そして波の変化とは、価格の上下の変化だけでなく、時間の長さの変化にも意識して注意を払うことが大切なのです。

リズムが変化するときはトレンド転換が起きやすいポイントですが、変化する前に兆しというか、チャートに違和感を覚えることが多いのです。違和感とはダウ理論で言う「明確なトレンド転換のサイン」と同じことです。だから違和感を察知することなく同じようにトレードをしているままでは失敗するわけです。違和感に気づかずトレードしている人はあわててロスカットするので、それを受けて価格はさらに動きます。

違和感に気づき、「反転する」もしくは「ブレイクする」というシナリオでエントリーすることができれば、大きな波に乗ることができ、大きな利益を実現しやすくなります。相場の波の変化の兆しを違和感としていち早く捉えることが、損小利大のシナリオ作り、有利なトレードのために役立つのです。

「三尊天井」の違和感でシナリオを作る

それでは、違和感を利用したシナリオ作りの例を紹介します。

たくさんの投資家が反応する三尊天井（トリプルトップ）とは、3つの山を作ってネックラインを割ってくると相場の反転を示唆するメジャーな分析方法です。つまり、セオリー通り考えるなら、三尊天井が出たら反転するので「売り」です。

図4－7では、その三尊が出ており、ネックラインも割っているのになかなか下がらないという場面。セオリー通りなら戻り売られるはずが、戻り売られないことが「違和感」となります。ここを利用してロングを狙ってシナリオを作ります。

ここでもポイントは「時間」です。

三尊が出たことで「反転するから売り」とショートポジションを持った人（と、もともとショートポジションを持っていた人）がいます。しかし時間が経過するごとに、戻り売られないことに対しての違和感、ショートをしている人達にとっての不安感

図4-7　三尊天井が裏切られたチャート

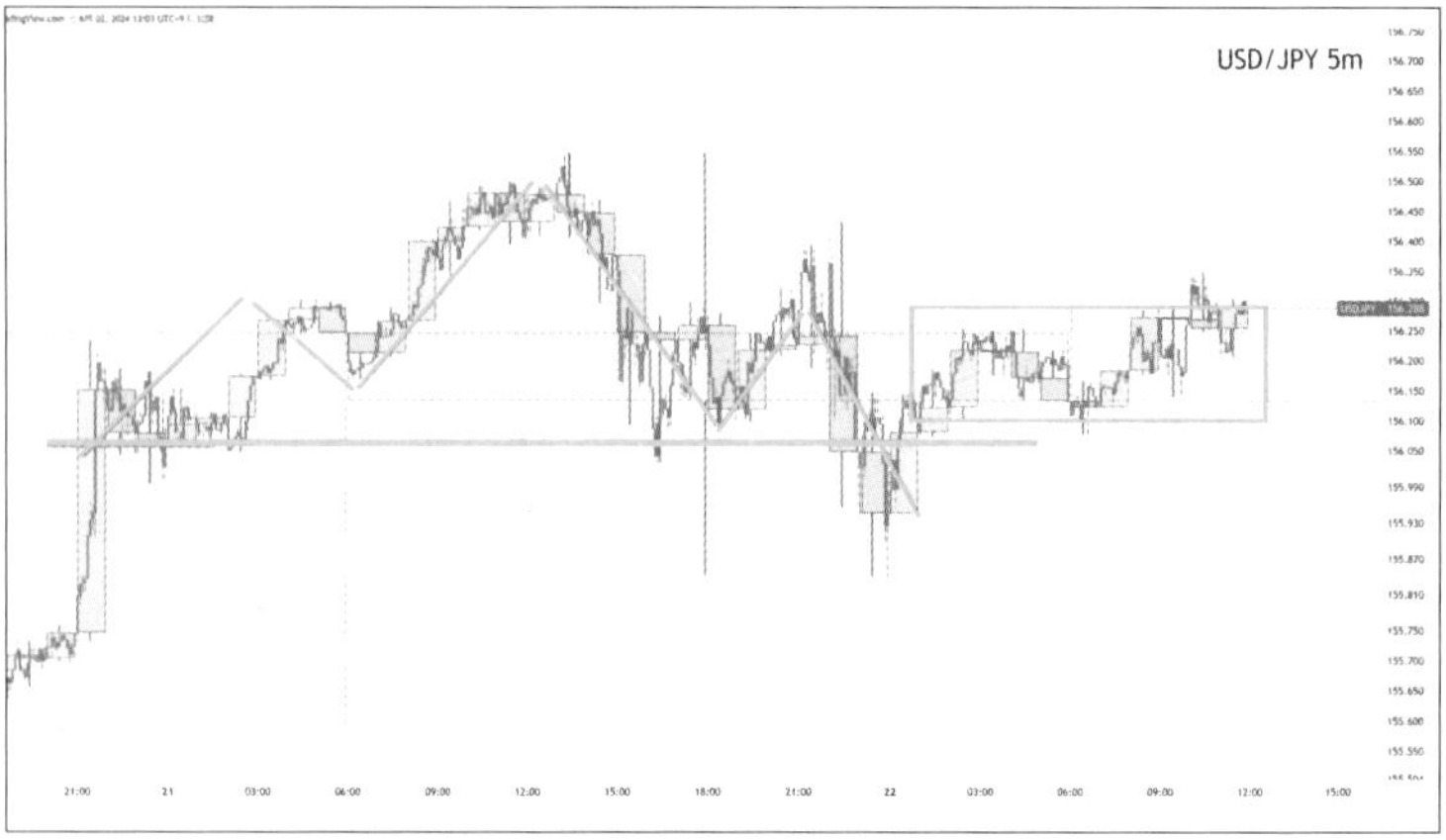

は増幅していきます。ここまで待つことが出来れば「三尊だから売り！」から一歩進んだシナリオとして、「三尊を否定する買い！」が選択肢として出てきます。

「三尊天井は反転を示唆するからショート」というのは一般的な考え方、セオリーですが、「反転を示唆しているのになかなか下がらないからロング」という考え方もあるということを知ってください。

さらにもう一例です。

図4－8では大きなレンジ相場が形成中です。

レンジであれば、通常なら高値から安値、安値から高値を行ったり来たりすることを考えます。

今回の例では高値を3回もつけているのに抜けないことで、上値の重さが見えています。

レンジということもあり、次はレンジの安値を目指すというのは一般的な考え方です。これも間違いではないのですが、ここでも「時間」に注目します。

時間が経過するにつれ、「レンジなのだから高値の次は安値」という考えに違和感が出てきます。レンジ安値に向かう途中で、なぜかなかなか下がらない。

上値が重いのなら下がるはず。それが下がらないことに対して違和感を持ってほしいわけです。先ほどの例と同じように、「レンジで上値が重いのだから」とショートで入った人たちは、下がらないことで不安が蓄積していきます。

この違和感を持つことで、下がらないと

図4-8　レンジ相場のリズムが崩れたチャート

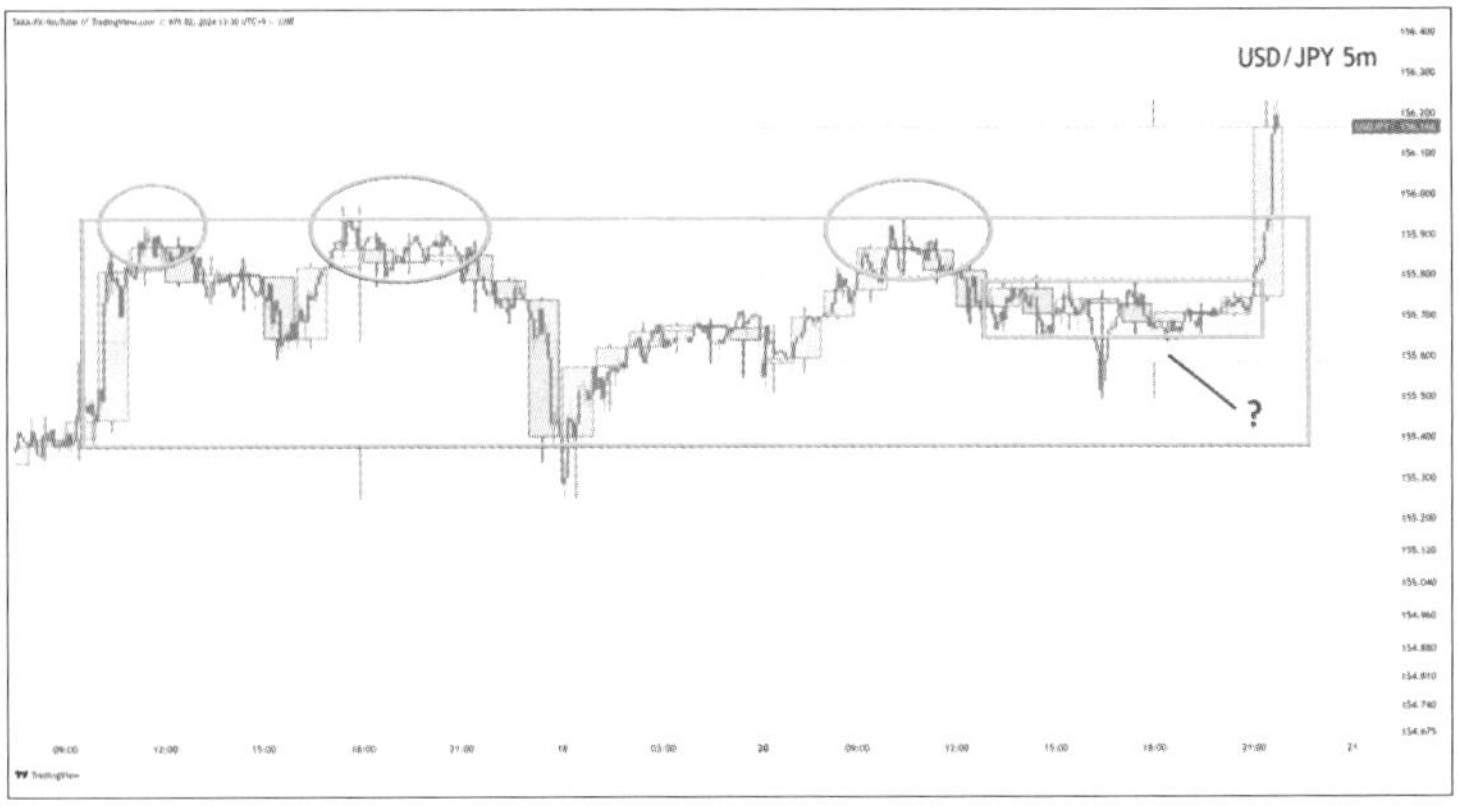

いうポイントを重視して「上値は重いがロングを狙う」という選択肢も生まれます。

自分の考えに固執すると損が拡大する

続いて、シナリオを作るうえでのリスク管理について解説します。

損する人にありがちなのが、うまくいくパターンのシナリオしか考えていない、またはその考えに固執してしまうことです。「ここで反転して上がって（下がって）ほしい」「前に勝ったパターンだとこうなるはず」など、成功パターンのみ考えエントリーして、逆のパターンは考えていないと、「予想外の値動き」になると慌てふためいて対応が遅れてしまいます。

エントリーする前に、「シナリオと異なる展開が起きる可能性がある」「自分の考えに添わない相場だと、その後にこうなるかもしれない」までを見通しておくと、結果はずいぶん変わると思います。つまりシナリオ自体はよくても、シナリオから外れたときの準備をしているかどうかが、パフォーマンスに直結するのです。

準備したシナリオ通りに相場が動かなかったら、即撤退する。むしろ、「うまくいかないシナリオ」も複数用意しておけば、慌てず冷静に撤退できます。結局のところ損切りができないのは準備不足であり、冷静になれないのもシナリオ不足が招いたこと。ポジションの持ちすぎについても「もう少し下がる（上がる）こともある」と考えておけば全力投球することはありません。つまり、うまくいかなかったときの対処方法が決定的な差を生むのであって、うまいトレーダーはこうしたリスク管理がきちんとできています。

FXを始めるとどうしても直面するのは「買うと下がる」「売ると上がる」という、自分の見立てと反対の値動きです。こればかりは永遠のテーマで、100％避けることはできません。私もそうですし、どんなにベテランのトレーダーだって直面しているはずです。

ただし、シナリオの精度を上げ、練り込むことで回避しやすくなり、実際に遭遇しても対処しやすくなります。一方、主観的な予想しか立てず、シナリオの準備が不足していると、「こんなはずじゃない」「再び上昇(下落)するはず(してほしい)」という願望で冷静な判断ができなくなります。

トレードに一貫性を持たせ、冷静かつ適切に向き合うためには、根拠に基づいた成功・失敗両方のシナリオを複数準備することが必須だということです。

シナリオの内容は追加しない

なぜ想定通りと想定が外れたときの両方のシナリオを準備するのが重要かというと、FXを長く経験すればするほど、リスクを引く確率は高くなるからです。

仮に0・1%の大きなリスクを取っていて、リスクを引くと破産するとしましょう。これは1000回に1回という確率ですので、10回〜100回のトレードで引く可能性は高くないでしょう。ただし、トレードは勝っている限り辞める理由がなく、0・1%のリスクでも取り続けていると、いつかヒットしてしまうかもしれません。FXに限らず投資の世界では「慣れてきた頃が一番危ない」というのは、こういった理由もあるからです。

ここで重要となるのは、経験を積むことでリスクを抑えられるようにすることです。具体的にはギャンブルトレードではなく、シナリオに沿ったトレードをして、シナリオの精度が上がればリスクは抑えられます。さらに大事なのは、シナリオ通りにうまくいったときではなく、うまくいかなかったときの対処法です。リスク回避こそ、相場の世界で稼ぎ続けるためのポイントなのです。

そして経験の浅いトレーダーがしがちなのは、後からシナリオに手を加えることです。シナリオを作ってトレードに入るまではよくても、その後の値動きがイメージと異なっているのに、「こういう動きがあるけど、まだ違う展開が考えられる」とシナリオの内容を改変してしまう、新たなシナリオを追加してしまうことです。

確かにエントリー後のローソク足を見て、新しい考えが浮かぶことは否定しません。含み益が出ているときならまだよいでしょう。まずいのは含み損が出ているときです。損をしているのに「ここで反転するかも」というシナリオを追加するのは、ご都合主義であり、ロスカットの決断の後回しにすぎず、結果的に大きな損失につながる恐れがあります。

そもそも、目先の動きで考えを変えることは、せっかく準備したシナリオの意味をなくす行為です。それでは最初から適当にトレードしているのと同じことです。**準備したシナリオと逆方向に行くということはシナリオが間違っていたことに他なりませんから、間違ったシナリオを上書きしても、さらにおかしくなるばかりですので、潔く撤退すべき**なのです。

エントリーまでの「時間」を大切にする

ここまでの話は次のようにまとめることができます。

①ダウ理論などの根拠をもとに相場のトレンドを見極める
②トレンドをもとに売り買いの目線、あるいは様子見なのか判断する
③目線が決まればエントリーと利益確定のポイントを決める
④エントリー〜トレードを行う
※ここまでが勝ちパターンのシナリオ作り
⑤想定外の動きをした時の対処を決める（ロスカットのポイントを決める）
※これがリスク管理の部分

これら一連の流れでアドバイスしたいのは、④のエントリーについてです。売買価格を決めたからといって急ぐ必要はなく「待つ」のを覚えることです。

たとえばレンジ相場でもトレンド相場でも、高値と安値がはっきりしない段階だと、どの価格でエントリーすればいいのかという根拠は乏しいと思います。時間が経過して相場の波の形が明確にならなければ、入り口も出口も見えてきません。

「価格が動いているから」と慌ててトレードしてもリスクを高めるだけです。相場の波の形、相場の景色がはっきりするまで待つことが、トレードではとても大切なのです。

また、待つことで大きな値動きを期待することができます。繰り返しますが、**一定のリズムで相場が継続している間は、時間が経過すればするほどポジションが積み上がっていきます。そしてそのリズムが崩れたときがポジションが解消され、大きく値が動くタイミング**です。そのタイミングを狙って待つことで、リスクを減らして大きな利益が期待できるのです。

私のシナリオでは、待つことが大切なポイントになります。レンジ相場でトレードをする際、高値と安値の間にプライスがある場合は、どちらに動くかわかりません。

上限もしくは下限に近づけば近づくほど反転を期待しやすくなるので、そこまでは我慢して待つことです。

待つことでいまの値動きがどういった相場なのか再確認でき、かつ大きな利益を取れるようになる。FXで待つのはタダですし、資金をリスクにさらしていないという点でも安心です。こういった考えも持っていただきたいと思います。

ロスカットのシナリオまとめ

またリスク管理のシナリオのまとめとして、まずは普通のロスカットのポイントを決めておくのは当然として、「**稼ぐシナリオと逆の動きをしたらロスカットするシナリオを準備する**」「**60分過ぎたらロスカット**」**が重要**です。

大きく値が動くタイミングを狙ってシナリオを作っているということは、シナリオ通り値が動けば大きな利益になりますが、シナリオと逆の動きになったら大きな損になる可能性があるということでもあります。

3章で解説したとおり、レンジの高値付近では「ブレイクする」と考える層と「反落する」と考える層の売り買いが拮抗しています。言い方を変えると売り買いの攻防が起きているからこそ、高値が形成されるわけです。

ここで、ショート勢の力が強いと価格は反落しますが、逆にロング勢の力が強いと高値をブレイクし、新たな上昇トレンドが始まります。そこで起きるのは大きな価格上昇です。なぜかというと、ブレイクを確認してロングで入るトレーダーが増えることもありますが、ショート勢がロスカットをするためポジションを決済する買い戻しを行うからです。

ＦＸは利食い・損切りにかかわらず決済は反対売買ですから、買いポジションであれば売り、売りポジションであれば買い戻すことで損益が確定し、それは価格の上昇や下落をさらに後押しします。この時点でロスカットをしていないと急激な値動きに巻き込まれ、損失は拡大するばかりです。「再び価格が戻る」といった願望は捨て去って、早い段階で損失を確定することこそ最大のリスク管理であり、相場で長生きする秘訣です。FXはレバレッジ取引だからこそ、この点は必ず守るのが鉄則です。

そしてエントリーしたにもかかわらず、価格が動かない場合は「60分過ぎたらロスカット」です。レンジの上限から下限を狙ってショートで入ったけれど、思うように価格は伸びずに数時間も停滞している…。この場合どうするかを勉強会の参加者に尋ねたところ、多くの方は「待つ」と答えましたが、私は利益の有無にかかわらず一旦は撤退します。レンジ相場の一員としてその後の価格変動に巻き込まれたくないからです。待つのはエントリー前までにしておきましょう。

価格の停滞は、その時点で売り買いが攻防しているからであり、ポジションの積み上げを意味します。そして、より多くのポジションがあるということは、先ほど述べた通りレンジをブレイクすると大量のロスカットを誘い、力強いトレンドの形成につながっていきます。こうした動きに巻き込まれないためにも、価格が動かないときはポジションを解消しておくことが賢明な判断なので、私は60分にトレードを限定することを提案しているのです。

感情的になりそうなとき、私が実践していること

本章でシナリオの重要性や基本的な作り方を理解できたと思います。この作業を繰り返すことでトレードの精度は高まっていきますが、注意したいのは感情の制御です。「シナリオから外れたらロスカット」と決めていても、簡単にそれができるかというと、なかなか難しいもので、つい熱くなってしまうことはあるでしょう。

熱くなるとどうしても大きな損につながるトレードをしてしまいがちです。私の場合も、大負け、あるいは大勝ちした日は感情的になっていることが少なくありません

でした。

たとえば普段の収支が10万円程度の人がその日だけ１００万円負けていたら、熱くなってロットが大きくなっていたり、ナンピンをした結果かもしれません。反対に**熱くなった結果、見事に反転して大勝利を収めたとします。それがナイストレードかというと、絶対にそうではありません。**

結局はロットを張り強引なトレードをした結果たまたまうまくいっただけであり、冷静さを欠いていたことは間違いありません。再現性がないギャンブルトレードですし、また同じことを繰り返すと次は大負けすることもありえます。

1章でもトレード記録には、必ず感情もメモしておくことをすすめましたが、感情的なトレードになりそうなときに、「前も熱くなった結果、大損したな」と思い出すことができれば、冷静さを取り戻す助けになります。

トレード中に感情的になっていると自覚した場合は、すぐさまその場から離れることをおすすめします。私が実践しているのは歯磨きをしたり、顔を洗って鏡で自分の表情を確かめることです。そして落ち着けば相場に戻りますし、どうにもならないなら、その日のトレードは終了させます。**感情的になっていると、どうしてもトレードにブレが出てしまい、失敗する大きな原因になる**からです。

TAKAさんへの7つの質問 PART02

Q4 トレードで成り行きと指値。どちらの注文の方が多いですか？

100%成り行きです(笑)。

決済注文も指値はポジションの半分だけといったことはしますが、全ポジション指値を入れるということはしません。逆に損切りの逆指値は必ず入れるようにしています。ただ基本ロスカットは自分で実行します。あくまで逆指値は相場は何が起こるかわからない、事故防止の側面が強いですね。

Q5 2024年5月の動画収録時の「介入」はどう思いました？また、遅れてエントリーされましたでしょうか？

久しぶりの介入だったので興奮であまり覚えてないですね(笑)。ただ、以前に経験した介入と若干値動きが違ったので確信が持てるまでにすごく時間はかかりました。ここだけの話、介入があればこうしようと準備はしていたのでエントリーしました。

Q6 「今日はドルを買えばいいのに」と心の中で思っていて、動画内で「こっそり伝えている」言い回しありますか？

動画ではなるべく両方の視点から判断するようにしていますが、自分の目線というものはもちろんあるので心の声が漏れてしまうことはありますね。こっそり伝える言い回しはありませんが、以前に比べると今の方がはっきり言っちゃってると指摘されたことはあるので、よく聞いていただければ「こっそり」ではなく「はっきり」言っているかと思います。

Q7 動画収録やライブなどで「こりゃ、ヤバい！」「やらかした！」という経験はありますか？

個人情報漏れでしょうか(笑)。今はカットしていますので残っていませんが、一瞬ですが色々な個人情報が映ってしまったことはありました。あと、わからないようにしているのですが、稀にライブ中にトレードをすることがあったります。余裕がある状況ならいいのですが、余裕が無くなる状況だったときにいつも通りを装うのは大変でした…。その反省もあるので、今はやるにしても余裕を持った対応が出来るロットでやるようにしています。

5

TAKA's Original FX Secrets

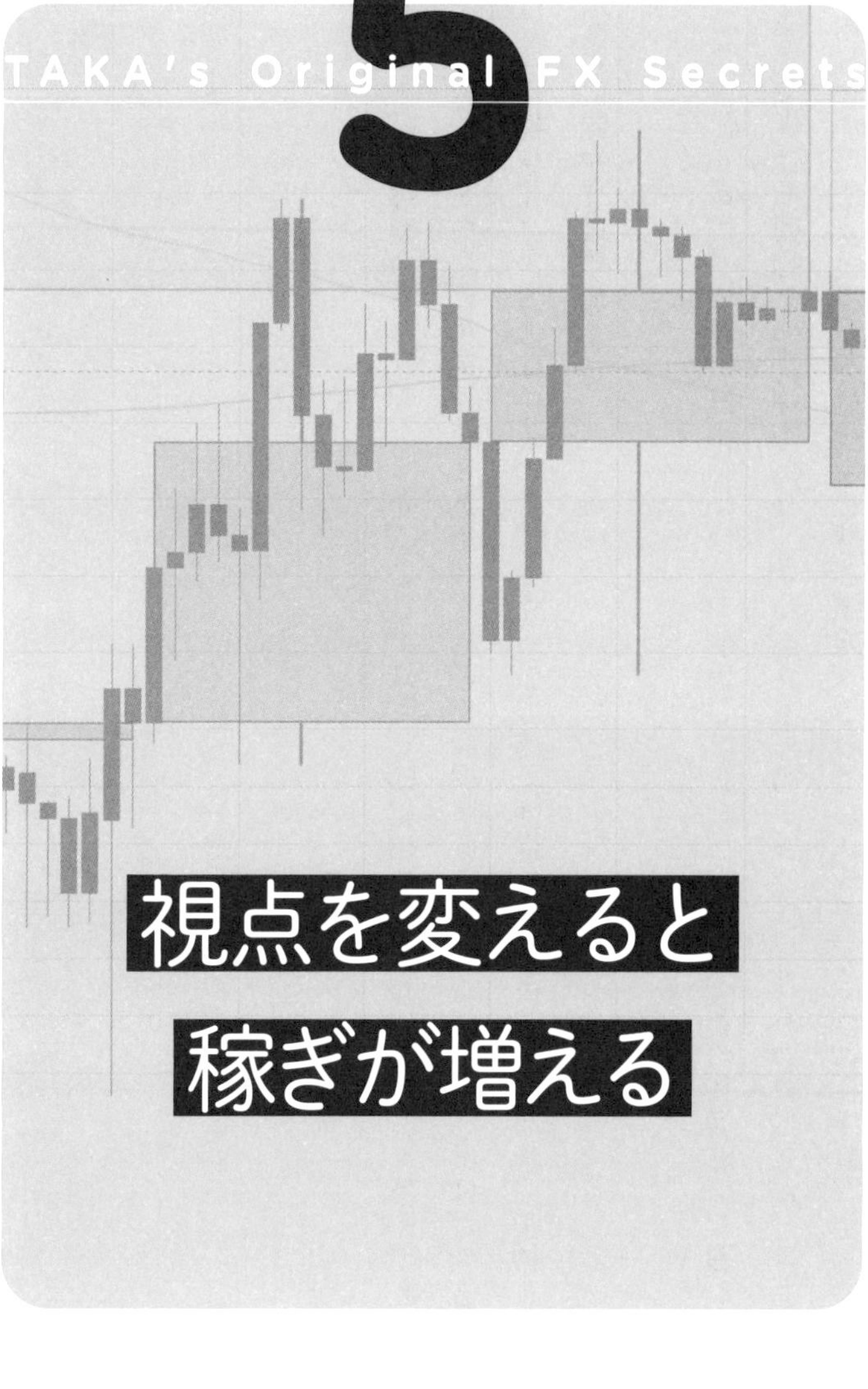

視点を変えると稼ぎが増える

異なる時間軸で見ると世界は変わる

マルチタイムフレーム分析とは

いよいよ最後の章となりますが、ここでは安定的に稼ぐ、あるいは稼ぎを増やすためのポイントや注意点を解説します。これらを理解することで、市場参加者はどのように相場を見ているのか、そこでどう立ち振る舞えば生き残れるかがわかり、収益も安定に向かうはずです。

3章と4章で、相場の違和感について解説しました。市場参加者の共通認識と異なる値動きこそ違和感の正体であり、かつトレードのチャンスになるわけですが、そもそもなぜ、こういった不可解な値動きが起きるのでしょうか。それは、投資家によって主軸とする時間足が異なるからです。5分足で見るチャートと、1時間足で見るチャートは、同じ時間とは思えないほど違うもので、まさに世界が変わって見えます。この**「同じ時間の同じ価格を、異なった視点で見ている人たち」**のことを認識できるかどうかで、トレードに大きな差が出ます。

時間軸の短い下位足は上位足の影響を受けやすいので、相場分析をするにはひとつの時間軸のチャートだけを見ずに、上位足と下位足を同時に表示させる「マルチタイムフレーム分析」が有効だと私は考えています。

その連続陰線、上位足では下ひげかも

短期トレーダーは5分足や1分足など短い時間軸のローソク足を使い取引をするのが一般的です。たとえばレンジ相場の安値付近で5分足が連続して陰線を描いた後に上昇したら、戻り売りの絶好のチャンスと捉え、ショートで取引に入る可能性があります。

ところが、価格は上昇し続け最終的にロスカットしてしまった…というケースは珍しくありません。下落トレンドにおける戻り売りはＦＸの定番セオリーで、多くのトレーダーは同じアクションを取ると思いますが、大勢が同じように戻り売りをしているはずなのに、突如として異なる値動きになるわけですね。

この想定外の値動きを引き起こしているのは、異なる時間軸やトレードスタイル、中長期トレードなどのスタンスで取引している投資家、とくにその中でも巨額の資金を運用する機関投資家によるものです。

図5-1　5分足でブレイクしたチャート

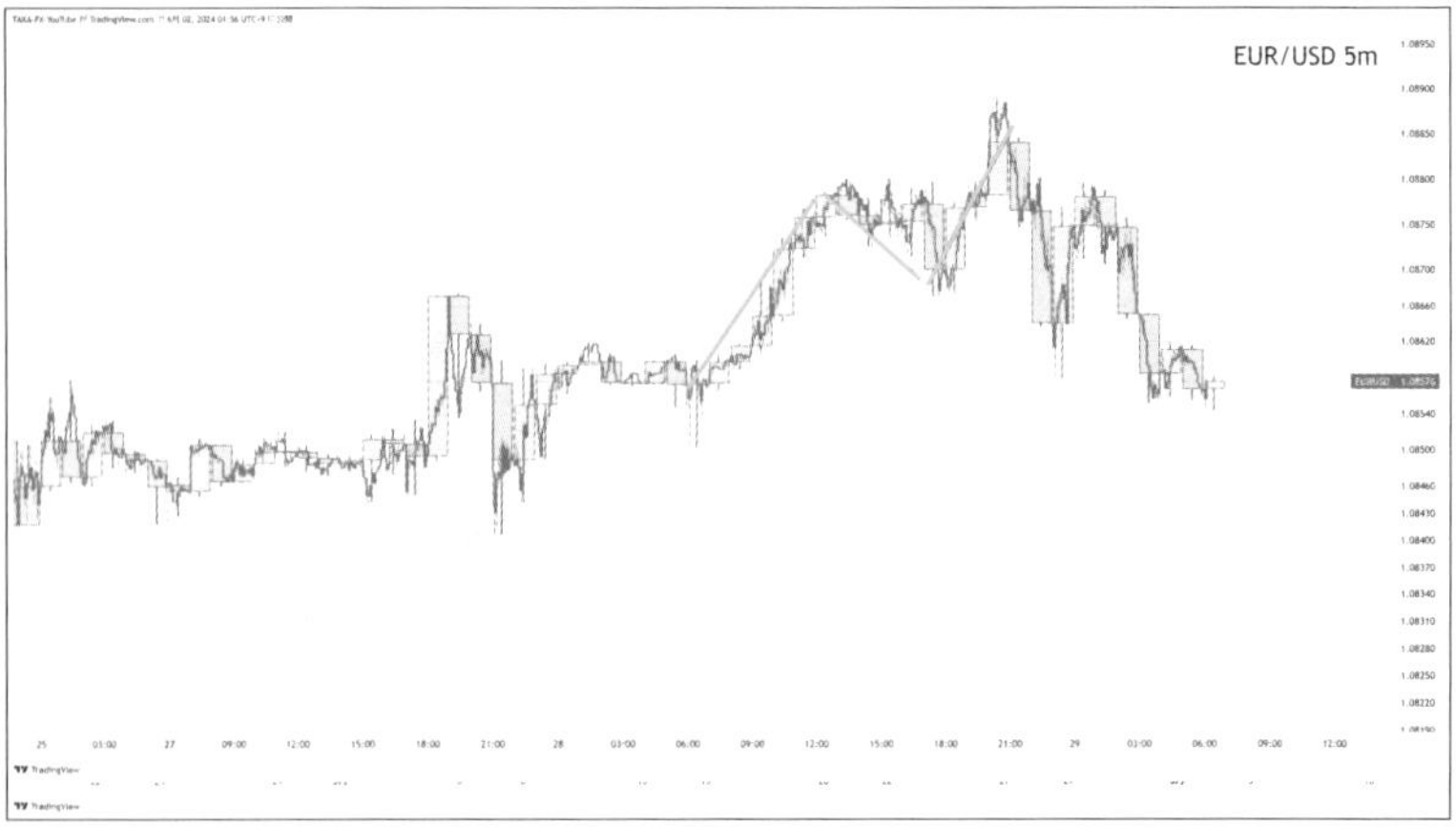

たとえば5分足の値動きを4時間足にまとめた場合、下落は陽線の下ひげにしか過ぎず、中長期トレーダーたちはこのタイミングでは売らないでしょう。むしろ下ひげを上昇への転換と捉え、ロングポジションを持つ投資家もいるはずです。それが機関投資家であれば上昇圧力となり、下位足を見て取引している短期トレーダーは駆逐されてしまいます。

短期トレーダーと中長期トレーダーでは相場に対する向き合い方が異なり、かつ中長期トレーダーである機関投資家は何兆円もの資金を動かしているので、価格形成に与えるインパクトは計り知れません。彼らをクジラに例えるなら個人投資家は小魚にしか過ぎないということです。

そして、機関投資家が見ているのは日足や時間足であり、分足で売買タイミングを計ることはありません。5分足を見ているデイトレーダーにとっては4連続陰線で下落の兆候であっても、4時間足を見ている中長期トレーダーにとっては1本の陰線に過ぎないかもしれません。同じ日の同じ時間にトレードしているのに、認識に大きな差が出てきます。「上がりそうで下がる」「下がりそうで上がる」といったトレードの共通認識が通用しないのは、こういった背景があるからなのです。

デイトレーダーと中長期トレーダーは見ている世界が異なる

つまりデイトレーダーと中長期トレーダーでは、見ている世界が異なると言えます。たとえば、日足チャートで下落トレンドの相場があったとします（図5－2の下のチャート）。この場合、機関投資家をはじめ中長期のトレーダーは「このまま下落が続く」と予測し、ショートで稼ぐ局面だと判断するでしょう。

一方で、同じ時間帯の5分足チャートでは上昇していたとします（図5－2の上のチャート）。いうなれば上昇トレンドの調整局面ですが、5分足チャートしか見ていない短期トレーダーは「上昇が継続する」と踏んで、ロングで稼ぐことを考えます。

図5-2　5分足では上昇、日足では下落のチャート

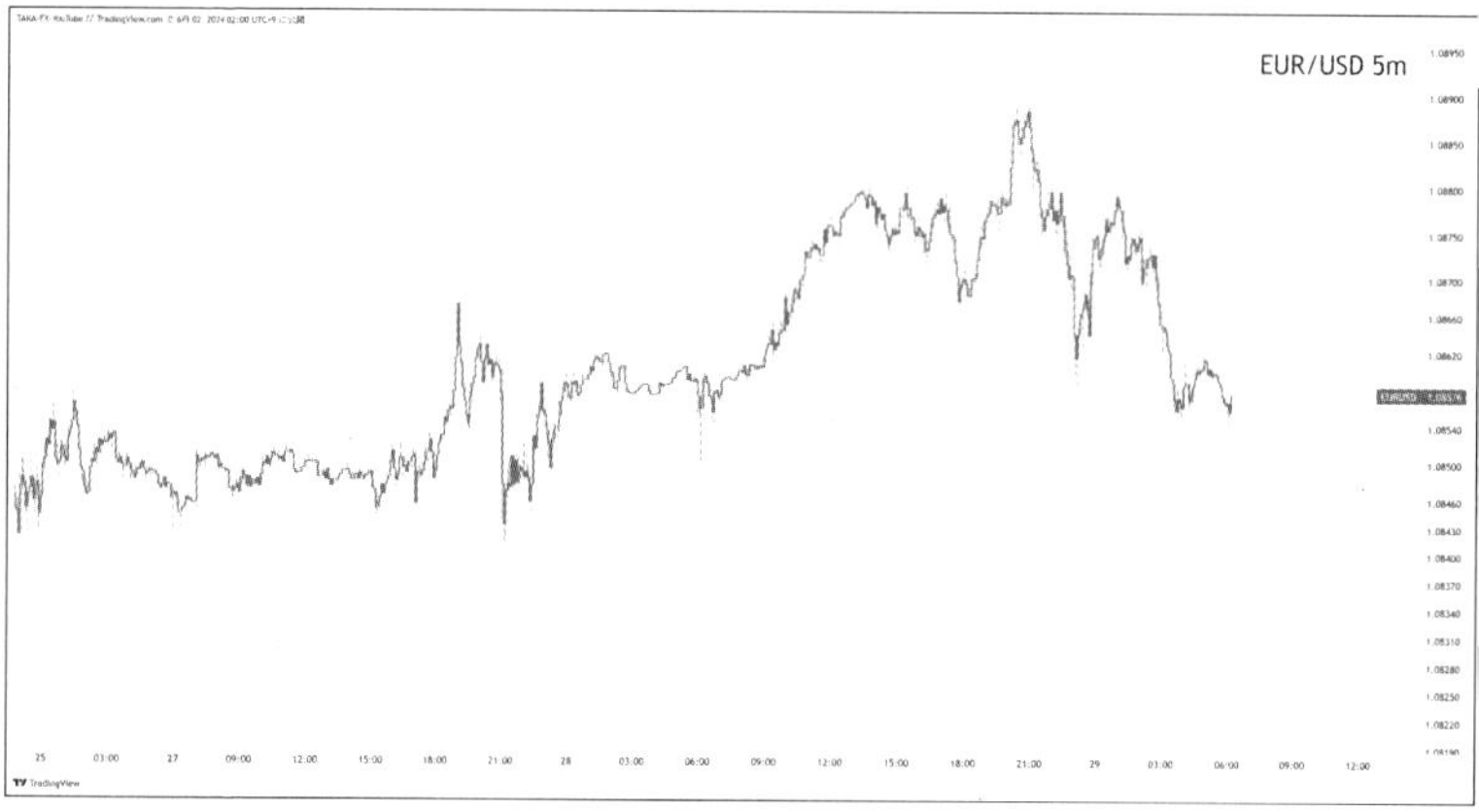

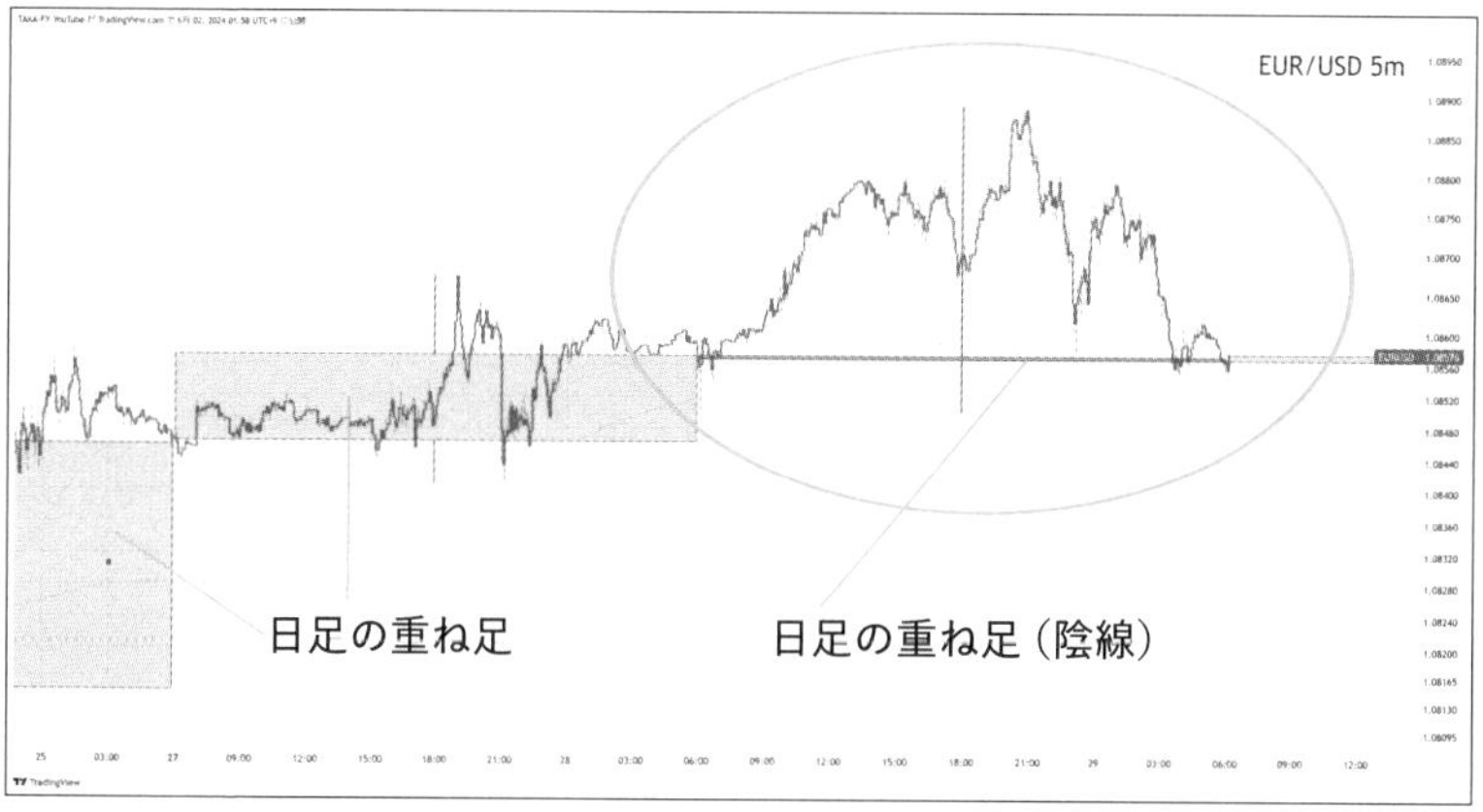

ショートとロング、両者の力関係を考えると資金力がある機関投資家の方（ショート）が圧倒的に強いので、大口の売り注文が入ることで相場は下落し、ロングでポジションを持っていた短期トレーダーはその流れに巻き込まれてしまうのです。

また、機関投資家は短期トレーダーを手玉に取り、手堅く稼ごうとする狡猾さも持ち合わせています。

ここで挙げた例になぞらえると、ロングで取引に入った短期トレーダーたちは、その後の反落に驚き、「ロスカットすべきか」「一時的な下落なので押し目買いのチャンス」「トレンドが変わったのだろうか」のような、さまざまな思惑が交錯して、売りと買いの攻防は激しくなり、5分足の値動きは拮抗するでしょう。

さらにその後、中長期トレーダーたちの売り圧力によりさらに価格が下がると、短期トレーダーたちのポジションはロスカットされ、その結果さらに価格は下落して、ショートポジションを持っている中長期トレーダーたちの利益に貢献します。要するに、機関投資家からすると、短期の値動きに翻弄される個人投資家はカモのような存在なのです。

カモにならずに機関投資家の動きに乗る

　では、カモにならないためにはどうすればよいでしょうか。答えは簡単で、**下位足でトレードする短期トレーダーも、1時間足や日足といった上位足を時折チェックすることです。**そうすれば、リアルタイムの不可解な値動きの理由がわかることもあるでしょうし、中長期トレーダーはどういった見立てで相場に臨んでいるかイメージすることもできます。

　そのために活用してほしいのが、私も実践している「重ね足」です。**下位足に上位足を重ねたチャートを見ることで、大きな流れと細やかな値動きを同時に把握することができます。**

上位足と下位足の両方を見ておくと、前章で述べたようにレンジをブレイクしたからといってすぐさま取引に入り、その後の反転でロスカットするというリスクも抑えやすくなります。

たとえば、5分足ではレンジの高値をブレイクしていたとしても、日足で見るとブレイクした時間帯は単なる上ひげです。すなわち一時的に価格は伸びたものの、最終的にはショート勢に押し戻された、高値ブレイクが上昇トレンドの始まりにはならなかったと理解できるので、負け戦を避けられます。

「様子見」が大切なワケ

こういった事象を確かめるには、5分足でブレイクしたからといってすぐにポジションを持つのではなく、日足、あるいは1時間足など上位足が完成するまで待つことをおすすめします。つまり、下位足の値動きがひげ(一時的な伸び)だったのかどうかを確認するまでは、トレードに入るのは危険だということです。

この「様子見」は、うかつなトレードを避けるためにも、とても大切です。「ブレイクした！」と飛びついてしまうと、その後思ったように動かないにもかかわらず、「ブレイクしたのだからすぐに反転するはず」と損失を拡大しかねません。つまり**様子見は、作ったシナリオの正確性を確認することでもある**のです。

上がりそうだったのに上がり切らない、下がりそうだったのに下がり切らないという「試し」のような動きが起きるのは中長期トレーダーの思惑によるものですが、それを踏まえて気を付けたいのは、脊髄反射的なトレードを控えることです。一般的には、レンジ相場の高値・安値付近、さらにレンジブレイクは絶好の取引チャンスとされており、多くの指南書でもそのようにアドバイスしています。

ただし、同じスタンスのトレーダーしか市場にいないならそれは正しいかもしれませんが、実際はそうではありません。下位足のトレーダーを上から眺めている上位足のトレーダーがいて、その動向を利用しようと考えているのですから、うかつな行動をすべきではないでしょう。

仮にレンジの高値圏から反転したとしても、いったんは様子見をして「試し」であったのかどうか確かめてから取引に入っても遅くはありません。5分足でトレードをしているなら、少なくとも1時間足が完成するまで様子見すべきです。ブレイクに関しても同様で、その後再びレンジ内に戻る可能性は否定できませんから、上位足と照らし合わせながら推移をチェックし、本格的なトレンドの発生を確かめてからポジションを持ちましょう。

ポイントとしては、1本のローソク足が完成する「終値」が決まるまで判断を待つことです。そもそも、上位足の価格変動が一時的なもの（ひげ）なのかどうかも含め、終値が確定しないと値動きは決まりません。完成したローソク足を確認して初めて試しだったのかどうか、売り買いの拮抗、値動きの重さなどが把握できます。さらに値動きの速度とリズムも加味することで、より高い精度で相場を把握することが可能になるでしょう。

上位足と下位足を混同して判断しない

一方、上位足と下位足の両方とも上昇しているなど同じ方向を向いているなら、目線は固めやすいはずです。こういった場合は、セオリーにのっとったシナリオを作り、エントリーポイントを見つけることになります。

ただし、ロスカットの場合は注意が必要です。たとえば、下位足の目先の動きと上位足がともに下げているのでショート目線で取引に入ったとします。ところがその後、5分足の価格が上に抜けたとして、上位足はまだ売り方向だとしたら、ロスカットを迷うかもしれません。

ここでは当初のシナリオ通りに損切りを行うべきです。**上位足は大きな環境や流れを把握するために見ておくべきですが、トレードの判断は5分足をもとにしています**

から、それに従うべきです。下手をすると損失を拡大させる恐れがあります。

利食いに関しても同じで、シナリオ作りに使った時間軸でポイントを決めておき、それに従うことです。具体的な決め方ですが、たとえば上位足の流れは上昇に向かっている中、5分足は一時的な調整局面としてレンジ相場を形成していたとします。ここで、高値圏からショートでポジションを取った場合は、あくまでも大きな流れは上げ目線なので安値の手前で利食います。

反対に上位足も下げ目線ならレンジをブレイクする可能性があるので、安値を抜けたところで決済するでしょう。あるいは、レンジ内で半分、ブレイクしたら残り半分というようにわけるかもしれませんし、あるいはレンジ内で半分を利食い、ブレイクして新たなトレンドが生まれたら、その流れに乗って直近の安値、もしくは価格が反転するまで待ち残りを決済することも考えられます。利食いは一度ですべてする必要はなく、わけても構わないからです。

経験を積むと欲張りになることもありますから、あえてリスクを取る戦略でも構わないでしょう。

決済のポイントですが、基本的に価格で決めるわけではありませんが、「151・00円」や「151・50円」など、キリのよい数字は意識しています。それは私に限らず多くの投資家も注目するからであり、売買が集中する可能性があるからです。

たとえば149円台半ばでショートポジションを持ち始めたなら、150円の手前で損切りをします。150円を超えると相場が勢いづき、さらに価格を押し上げるかもしれないからです。

基本的には直近の高値・安値が目安になりますが、キリのよい価格が近くにあるなら、それも考慮するようにしています。

ニュースや情報にとらわれすぎると稼げない

デイトレードとファンダメンタルズの関係

FXに限らず、投資における相場分析には、〝ファンダメンタルズ〟と〝テクニカル〟の2種類があります。ファンダメンタルズ分析とは国の政治や経済など、為替市場の影響を与える材料(情報)から将来の値動きを予測する相場分析の方法です。たとえば、米雇用統計をはじめとする各国の雇用状況、消費者物価指数、政策金利などは代表的な経済指標であり、これらを参考に取引を行います。

まず述べておきたいのは、私は通常、トレードで重視しているのは、チャートから得られる情報、テクニカル分析です。ファンダメンタルズの要素がデイトレードに影響しないわけではありませんが、1日というよりは1週間、数か月など、ある程度の期間で市場に浸透してきます。週足でトレードする長期トレーダーにとっては無視できない情報ですが、私のような日足や5分足を見るデイトレーダーの場合、ファンダメンタルズをトレードにうまく活かしづらいというのが本音です。ただし私自身、ファンダメンタルズの情報をもとに相場について考えるのは苦手ではなく、むしろ好きと言っていいくらいです。

ひとつの材料は時間をかけて価格へ折り込まれていくのが一般的です。たとえばアメリカの利下げ開始時期は市場の最大関心事であり、2023年の暮れごろに言及されるようになり、当初は2024年3月に実施されるというのが市場の共通認識で、価格にも織り込まれていました。ところが、それはあくまでも憶測であり、年が明けてからしばらく経っても消費者物価指数は高止まりのままで、夏でも厳しい、秋までかかるというストーリーになりつつあります。

利下げはいつか実施されることは確かですが、新しいデータや情報が出てくるたびに、売り買いが入って値段に織り込まれるのです。こうしたこともあり、時間軸の長いトレードだとファンダメンタルズを無視することはできません。対して短期トレードの場合、その瞬間にファンダメンタルズの要素が入り込む隙はあまりなく、私が日々のトレードであまり意識しないのは、こういった理由があるからです。

デイトレードでニュースに頼りすぎるのは危険なわけ

確かに、注目されている環境によっては、ファンダメンタルズがその通貨の価格に影響を与えることがあります。たとえばドルであれば、ＦＲＢやＦＯＭＣ、雇用統計などの発表ですが、いまは多くの関係者が、いつ金利を引き下げるのかを気にしているので、その判断材料となる消費者物価指数の発表時は為替に影響を与えるといえます。

消費者物価指数が下がれば利下げの可能性が高まりますし、物価が高いままでしたら利下げはまた先延ばしになるかもしれません。利下げが先送りになるとドルは強くなりやすく、反対に利下げはドル売りの材料になります。利下げが遠のくとドル売りも遠のき買い戻されやすくなるので、私は消費者物価指数に限らず、景気判断に影響する指標の発表は、その発表前後の動向も含めて必ずチェックするようにしています。チェックはしますが、日々のトレードに影響を与えるかというと、そういうわけではありません。

ファンダメンタルズだけで売買をすることはなく、目の前の値動きと併せて判断するのが決まりです。中長期的な思惑でトレードしている人と、短期的な思惑でトレードしている人は、考え方や行動が異なることが少なくありません。デイトレーダーがファンダメンタルズに頼り切ると、その答えが出ないと決済ができないなど軸が狂ってしまいます。**ファンダメンタルズを重視したトレードをしたいのならば、週足を使った中長期トレードにスタンスを変えるべきでしょう。**

普段はデイトレードをしているのにファンダメンタルズの要素を持ち出し、あれこれ言うのはトレードに一貫性を伴いません。やはりテクニカル分析を重視し、5分足なり1時間足なり、自身がメインで見ているチャートでトレードするべきであり、そうでないとシナリオの正確性も欠いてしまいます。

前章で「シナリオを書き換えてはいけない」と述べましたが、デイトレードでファンダメンタルズにつられると、そういった行動をとりやすくなります。ピンチのときに情報を後出しで追加してしまうと、「こういう情報があるから、反発するかも」のような都合のいい願望に使いやすいのですね。たとえば自分のシナリオと逆の方向に価格が動いているのに、「ファンダメンタルズで考えると米ドルはまだ売られるはず」と考えてロスカットができないのでは、リスク管理としては失敗です。

大切なのは自分がトレードしている相場環境です。目の前の動きはドルが買われているのならば、ファンダメンタルズではドル売りになると考えられても、そこに引っ張られては危険です。デイトレードの時間軸でトレードしているのに、中長期トレードの方法論を持ち込んではリスク管理になりません。

ＦＸはレバレッジをかけているので損失は加速度的に膨らみ、気づけば目も当てられない惨状になることもあります。**トレードをするうえでファンダメンタルズは大切ですが、使い方によってはトレードを惑わす要因にもなることを肝に銘じ、その時々の情報に流されないようにしてください。**

指標発表直後はトレードをしない

毎月第１金曜日に発表されるアメリカ雇用統計は注目度が高く、発表前後の値動きを狙う「指標トレード」をする投資家は少なくありません。かくいう私も昔は結構していました。雇用統計の内容の予測は、市場予測やニュースなどで事前に調べることができますが、予測とまったく異なる結果になって、そのギャップが大きいほど、発表直後の値動きは荒くなります。

要するに指標トレードは「ボラティリティに張る」という考え方で、発表の結果で取引するというよりも、結果により大きく動いた相場の流れに乗るというのが正確な捉え方だと思います。ですから、ファンダメンタルズを見ているようで、じつは値動きを見ているわけです。よってギャンブル性が高くなり、瞬間ごとの判断力も求められ、決断の遅れが大きな損失につながることも十分あるでしょう。

一方、活発に価格が動くので、すぐに結果が出せるのは魅力的です。普段は米ドル／円で20〜30銭の値幅を取ろうとすると2〜3時間はポジションを持つ必要がありますが、指標の結果によってはものの数分でその値幅が動くこともあります。そうした短時間で大きく動く相場でのトレードが得意な人は、短時間で大きく稼げます。ただし大きなリスクがあることも事実で、難しいと思うなら参加する必要はないでしょう。

なお、私はそういう忙しいトレードが好きではないので、指標トレードをすることはほぼありません。私の場合は指標の発表後は1時間ほど待ち、1時間足をしっかり見てから取引するかどうか判断しています。たとえば、FOMCであれば朝4時、雇用統計は夜10時半くらいですが、まずは30分ほど待ち様子を見て、さらに30分ほど時間が過ぎると、相場はだいたい落ち着いています。発表を織り込んだうえでチャートは動き始めていて、そこで新たなトレンドが生まれていたら、その目線でシナリオを作るようにしています。

「市場のテーマ」の見つけ方

テーマは相場を動かす

為替市場のテーマは値動きに大きな影響を与えるので、デイトレードでも前提知識としておさえておくべき要素です。実際にトレードに活かすというより、為替市場の大きな流れをつかんでおくためです。市場のテーマが何かについては、日経新聞やブルームバーグといった経済紙から情報を探りますが、私がそれ以上に重視しているのは相場の反応です。

たとえば、チャートを見ていて、通常と違う値動きをしていたら「なぜこんな動きをしたのだろう?」と調べてみるようにしています。そうすると自分が思ってもいなかった指標や要人の発言で価格が動いていたということがわかり、それが「多くの市場参加者が注目しているテーマ」だと判断するわけです。

たとえば2024年に入り、日銀の金融政策決定会合のあるメンバーの発言で、米ドル/円が動く局面がありました。おそらく、日銀といえば多くの人は植田和男総裁以外のメンバーの名前は知らないと思います。私もそのうちの1人で、植田総裁以外の発言が値動きに影響するというのはかなり意外でしたが、為替市場に大きなテーマがある相場では、ちょっとした発言やニュースでも相場は反応しやすく、警戒する必要があると知ることができました。

リアルタイムではなく後になり気づくことも多いのですが、チャートからも市場のテーマを紐解くことはできます。つねに発言が注目され相場に影響を与える要人はともかく、普段は見過ごされるような指標や発言がSNSやメディアで取り上げられ、投資家が反応するということは、それだけ市場からの関心が高いことを意味します。

ネットの投資家コメントをヒントにしよう

これまで私は「チャートの違和感」を重視していると述べてきましたが、これもそのひとつです。日常的にチャートを眺めていると、「どうした?」「なぜ?」と感じる値動きが時折あり、背景(相場を動かした要因)を調べると先ほど述べたようなことが起きていて、相場が神経質になっているテーマであると理解できます。

では、その背景はどこでチェックするかというと、今はメディアのニュースというよりはSNSがとても参考になります。速報性があり、投稿には他の投資家のコメントもつくので、どれだけの人がサプライズとして受け止めているか、私のように相場の違和感として捉えているか、信ぴょう性はどれくらいあるのかなどが可視化できます。正直なところ、自分でニュースを検索したり、アナリスト分析を見たりするより、断然早く情報が手に入ります。

ただし、そこで確認するのはあくまでも事実だけで、コメントをしている人の意見や見解に左右されるのは好ましくありません。SNSは情報を集めるためのツールとしてはとても便利ですが、あくまでも個人の発言であって市場の総意ではないので、うのみにしないようにしましょう。そして、繰り返しますが、**デイトレードなら重視するのはテクニカル分析です。**

「アノマリー」、どこまで信じる？

相場に規則性はあるのか

一方、相場の世界では、具体的・理論的な根拠は乏しいものの、経験的に観測できるマーケットの規則性、いわゆる「アノマリー」があるとされています。アノマリーとは、投資の世界でそれなりの確率で繰り返し起きているものの、論理的根拠のない現象のことです。私としてはあまり合理的ではないと思うのですが、アノマリーを利用した手法もあるほどです。

たとえば株式の世界では、新年を迎え新規の投資資金が入りやすいことから他の月よりリターンが高くなりやすいとされる「1月効果」や、日本株の主役である外国人投資家が4月に買うことから、4月は日本株が買われやすいといったアノマリーがあります。さらに「卯（うさぎ）は跳ねる（株価が上昇する）」「辰巳（たつみ）天井（辰年や巳年は相場が天井をつけやすい）」といった、干支に関するアノマリーもあるほどです。

ちなみに米国株市場では大統領選挙の前年は株価が上昇すると言われており、実際に2023年はNYダウは過去最高値を更新しました。これは現職大統領が選挙を控え、積極的な経済対策を打ち出すためだと言われています。アノマリーと聞くとオカルト的なイメージもありますが、過去のデータや傾向、季節要因などに基づく法則性がバックグラウンドにある、それなりに根拠があるものもあります。

FXの世界でもたくさんのアノマリーがあります。たとえば、「3月は日本企業の年度決算が多く、海外で得た利益を日本円にすることから円高ドル安になりやすい」、「ゴールデンウィークに向けて外貨を用意したり、国内機関投資家が新年度を迎え外貨建て資産に投資することから、4月は円安ドル高になりやすい」、「外国人投資家が長期休暇に入る7～8月はドル安になりやすい」など数え上げればキリがありません。

たくさんあるアノマリーですが、結論から申し上げると私はあまり気にしていません。「カレンダーで数字に5と10がつく『ゴトー日』は日本の輸入企業がドル決済をするのでドル高になりやすい」というのも、有名なアノマリーです。多くの投資家はゴトー日の東京仲値（10万ドル未満の外国為替取引をする際の基準レート。午前9時55分ごろのレートを参考に決められる）での円売りドル買いを気にしていると言われており、自分も実際の値動きがどうなっているか調べたことがあります。

確かに反応しているのですが、せいぜい6割くらいでした。8～9割ほどの高確率ならともかく、その程度であれば再現性があるとも言えないので、優位性はそこまで高くないでしょう。ただし、25日や30日など月末のゴトー日は反応する確率がそこそこあるので、投資家が少しは意識していることは事実だと思います。しかしそれがトレードのための強い根拠になるかと言われれば疑問です。そもそも私は東京時間に取引をしないので、ゴトー日を自身の取引で重視することはないのですが。

規則性に信頼できる根拠があるか

アノマリーの中にも、ある程度は信頼できる根拠があるものも存在します。FXでいうなら、規則性のある法則に、為替に影響を与える根拠があるのならば、検討する価値があると言えます。

たとえば2024年1月から新NISAが始まり、積み立てによる投資信託商品が人気を集めています。1本で全世界の株式に国際分散投資を行うオルカンこと「オール・カントリー（eMAXIS Slim 全世界株式）」や、米国企業を幅広く代表する約500の企業を採用している株価指数「S&P500」を対象とする投資信託などがその代表ですが、これらの商品はドル建てというのがポイントです。つまり実際には海外株式を買うにあたって、日本円を売り米ドルを調達するというステップを踏んでいるのですが、これが円安ドル高要因のひとつとされています。

新NISAでは毎月1日に買い付けの設定をしている人が多いとされていますが、言い方を変えると毎月決まったタイミングで米ドルが調達されるということです。実際のところ証券会社は1日ではなく2日に銀行へ送金し米ドルを調達していると思うので、毎月2日の東京仲値に向けて円安ドル高の流れが出やすいという意見もあります。とくに2024年1月は新NISAが始まり、つみたて投資枠だけではなく、年間投資上限分を一気に使える成長投資枠でもこういった投資信託を買う人が多かったようで、1月3日の米ドル／円相場では円が大きく売られていました。毎年1月に同様のことが起きれば、注目するFXトレーダーが増えていくのではないでしょうか。

これはアノマリー的な実需ですが、実際にトレードに活かせるかどうかはともかく、こうした規則性のある動きに注目すること自体は、面白いのかもしれません。

ファンダメンタルズやアノマリーはデイトレードの手段に直結するわけではありま

せんが、相場と経済がつながっていることを把握するため、知っておいて損はありません。一方で、デイトレードをはじめとする短期トレードでこれらの要素がトレンドに大きな影響を与えるケースはあまりなく、ファンダメンタルズはあくまでも相場全体の様子・雰囲気をつかむために押さえておき、アノマリーに関しても「そういったことがある」程度にとどめておくくらいで問題はないと思います。いずれにしても、再現性がなければトレードには使うべきではないということです。

おわりに

本書では、私の20年近くにわたるトレード経験から身に付けた、知識や考え方、とくにトレードの「時間」に着目して解説しました。チャートを見る、他のトレーダーの思惑を推察する、相場の先を予測する、ポジションを持つ…、トレードに関することに、時間を意識して考えるようにしてみましょうという提案です。トレードには相場環境認識が重要で、環境認識には時間を意識して注意することは不可欠なのに、慣れないうちは価格や指数を追ってしまいがちです。

世の中では、主にテクニカル分析に基づいた「これだけで勝てる！」というような〝手法〟ばかりがもてはやされる傾向にあります。それはひとつの方法として有効ではありながらも、時間が経過することで期待通りの動きにならないことで起こる違和感や不安感が、別のトレンドを生むこともあるということを、強く言いたいのです。

本文中でも繰り返し述べましたが、細かいテクニックや手法、分析方法などはあくまでも私のやり方です。私は「手法」という言葉をほとんど使いませんが、人それぞれ合うやり方は違うと思うからです。具体的なやり方は自分に合うものを探して、カスタマイズしていただいてかまいません。むしろそうすべきです。

私の「やり方」はあくまでも私に合った方法ですので、必ずしも皆さんには合わないかもしれません。そして手法よりも勝ち負けよりも、自分のトレードに一貫性を持つことがとても大切です。一貫性は再現性につながります。そして再現性のないものはギャンブルトレードです。そのときどきで、レートも値動きも参加者も違うので、全く同じ相場はありませんが、似たような動きをする相場はあります。FXは投機的な要素が強いものです。だからこそリスク管理を徹底し、ギャンブル的なトレードを避けるべきなのです。

この本で説明した、リスク管理や損小利大、環境認識で「時間」に注意を払う考え方、チャートの違和感の見つけ方、シナリオの作り方などは、多くの人に、さまざまな相場で応用が利く、ある意味普遍的なことだと思います。

どんなに知識を得ても経験を積まないと、その知識は生かせません。リスクをしっかりと管理し、トレードを繰り返して、自分のスタイル、自分にあった手法を見つけられれば、きっとトレーダーとしてのレベルがいまよりもずっとずっと上がると思います。

私の本が、皆さんが稼げるようになるための助けになることを願っています。

2024年6月　TAKA

著者紹介

TAKA

専業FXトレーダー・YouTuber。2024年でFX専業19年目。専業になってから毎年数千万円の利益を出し続けている。YouTubeチャンネル『期待は裏切る 予想は超える TAKA』は登録者数5.5万人。わかりやすいチャート分析解説動画でたちまち人気に。著書に『円安・円高でもFXで稼ぎ続けるうまい方法』(クロスメディア・パブリッシング)。本書は、“時間”に注目してFXで稼ぐための考え方を示した一冊である。

60分《ぷん》で決着《けっちゃく》をつけるFX最強《さいきょう》のシナリオ〈設計図〉

2024年6月30日　第1刷

著　　者　T《タ》A　K《カ》A

発 行 者　小澤源太郎

責任編集　株式会社 プライム涌光
電話　編集部　03(3203)2850

発 行 所　株式会社 青春出版社
東京都新宿区若松町12番1号 〒162-0056
振替番号　00190-7-98602
電話　営業部　03(3207)1916

印刷　三松堂　　製本　大口製本

万一、落丁、乱丁がありました節は、お取りかえします。

ISBN978-4-413-23365-1 C2033